全域新媒体

写作

从入门
到精通

— * —

依 伊 ◎ 著

— * —

中国铁道出版社有限公司

CHINA RAILWAY PUBLISHING HOUSE CO., LTD.

图书在版编目（CIP）数据

全域新媒体写作从入门到精通/依伊著.—北京：
中国铁道出版社有限公司,2023.7
ISBN 978-7-113-30110-1

I.①全… Ⅱ.①依… Ⅲ.①新闻写作 Ⅳ.①G212.2

中国国家版本馆CIP数据核字（2023）第068642号

书　　名：**全域新媒体写作从入门到精通**
　　　　　QUAN YU XIN MEITI XIEZUO CONG RUMEN DAO JINGTONG

作　　者：依　伊

责任编辑：巨　凤　　　　　编辑部电话：（010）83545974
封面设计：仙　境
责任校对：苗　丹
责任印制：赵星辰

出版发行：中国铁道出版社有限公司（100054，北京市西城区右安门西街8号）
印　　刷：河北宝昌佳彩印刷有限公司
版　　次：2023年7月第1版　2023年7月第1次印刷
开　　本：710 mm×1 000 mm 1/16　印张：13.75　字数：240千
书　　号：ISBN 978-7-113-30110-1
定　　价：69.80元

前　言

2017 年 2 月，是我辞职后的第五个月，我完成了第一篇新媒体文章。那个时候，我没想过一个全职妈妈，能够靠写作就能有一份稳定的收入以及自由的生活。

当下，写作已经不仅是作家们的专利，即便是我们这些没有写作经验的普通人，也可以花几分钟注册一个账号开始写作。

很多人或者通过新媒体写作有了稿费收入，开设了自己的付费专栏等，持续扩大自己的影响力，这是时代赋予我们的红利。

2017 年 8 月，我成为公众号"桌子生活观"的兼职编辑，与桌子老师合写的多篇文章成为全网的爆文，我第一次发现原来普通人的文字也可以有如此巨大的影响力。

2018 年 2 月，我的文章《最高级的聪明，是厚道》被《人民日报》夜读栏目转载。一个月后，我签约"有书"等知名账号，还连续三个月获得有书月度稿费最高奖，写作的收入已经超过辞职前的主业收入。

2020 年 2 月，我的第二个孩子出生四个月后，我决定放弃投稿，开始全力做自己的全域账号（多平台），写出了单篇收益近两万的文章，单篇带货过万份的电商文案。一年后我组建了工作室，从线上延伸到线下。

从 2017 年到 2023 年，我持续写作六年多，写过全网阅读量过亿的爆文，也在全网收获了 50 多万的粉丝，还有了自己的新媒体公司和团队，但更重要的是写作已经成为我的工作、我的习惯。

尤其是通过视频号、今日头条、小红书等平台开始更新关于写作知识的视频后，我收到了很多粉丝的留言，大多是关于写作如何起步、坚持和精进的问题。

为了帮助更多人理解和掌握新媒体写作，少走我当初的弯路，我决定把自己六年写作的经验和教训，以及筛选出的上百个指导学员的经典案例分享给大家。

这本书系统地阐述了新媒体爆款文章创作的整个流程，适合对写作感兴趣、愿意学习新媒体写作或者精进自己写作能力的创作者来阅读，你可以根据书中的方法，有针对性地提高写作能力，写出优质的新媒体文章。

这本书共有六篇内容，包括写作准备、选题策划、谋篇布局、情感共鸣、突破瓶颈和写作价值，涵盖了从新媒体写作基础思维、素材搜集与素材库搭建，到选题、标题、架构等爆款内容打造的方方面面，既有详细的理论知识点讲解，也为每一个知识点辅以具体的实操案例，即使是毫无经验的新手写作者也能快速学懂弄通。除此之外，书中还提供了通过写作提高个人学习的方法论和不同的实现自身价值的路径。

写作是长期主义者的胜利。希望每一位读者，能在阅读本书后，找到适合自己写作的逻辑和技巧，在新媒体写作上长期坚持下去，在持续的内容输出中，实现自己的写作梦想。

最后，衷心感谢"桌子生活观"的桌子老师，带我走入新媒体写作的大门；感谢遇到的每一位编辑老师，教会我很多写作方法，给我的文章提供上稿机会；感谢依伊的每一个粉丝，是你们的信任让我一路前行；更感谢"依伊书院"的每一名学员，我们彼此陪伴，用手中的笔践行着那句格言：一起写作成长，一起遇见更好的自己。

依　伊

2023 年 1 月

目　录

第一篇

新媒体时代，你要重新认识写作的价值

当我们准备学习写作时，首先要知道新媒体时代的写作与以往有什么不同？为什么是时代赋予普通人的红利？在重新认识写作的意义、价值、思维的基础上，也要在方法和心理上做好学习和准备。只有做好准备、坚持行动，才能在"人人都可以是写作者"的环境中，成为金字塔尖读者喜欢的写作者。

第1章
新媒体时代，为什么人人是写作者

随着新媒体时代的到来，写作逐渐成了一个蕴含着巨大机会的技能，这个机会属于每个普通人。

1.1 门槛降低：人人都是写作者，事事都是素材

每个人都曾有过一个作家梦，都想妙笔生花，把自己的想法变成故事讲给别人听。只是慢慢地，这个梦想被深埋在心底，一方面，因为我们被生活驱赶着前行，越发觉得没有那么多时间去追逐"诗和远方"；另一方面，我们觉得写作是作家的专属，而我们自己连写作的方法和怎么投稿都不知道。

随着智能手机的普及，新媒体开始迅速崛起，除了给大家带来更多便捷的信息，也宣告一个属于普通人创作的时代加速到来。

越来越多的普通人，开始加入图文写作、短视频创作、音频录制等领域的创作大军。有人积累了大量的粉丝，有人赚取了不菲的稿费或者流量收益。

也有人疑虑："我不会写，也不会说，更不会表演，是不是就没有机会了呢？"

机会是留给愿意行动的人。如果你很在意机会成本，总是瞻前顾后，注定会错过这次机会。而如果你愿意去学习、去行动，也许结果会让你大吃一惊，比如我。

我出生在一个"十八线"小县城，上的是普通大学，学的专业是外贸

英语，与写作毫无关系。之所以会选择写作，是因为当时辞职在家做全职妈妈的我想赚取一份收入，想给孩子更好的生活。

偶然间，我看到一则征稿启事，就误打误撞地开始了新媒体写作，但一开始连 500 字都写不出来，因为不知道怎么写。

但我依旧坚持日更，直到有一天，我的文章《最高级的聪明，是厚道》被《人民日报》夜读栏目转载。这篇文章中讲述的四件事，全部来自我在生活中遇到的小事。文章被转载后，我受到了很大的鼓舞，也坚定了写作的决心。

随后，我获得有书连续三个月的总稿费最高奖（见图 1-1），签约了多个平台，写出了多篇"10 万 +"爆款文章（下称爆文），又在今日头条运营了四个万粉账号。

图 1-1　获得有书总稿费最高奖

生活中遇到的人和事，以及读过的书、看过的电影、浏览过的新闻，都曾成为我的素材写作。

这时我才明白，写作远没有我们想的复杂，而我们每一个普通人也都可以成为新媒体写作者。

从 2018 年开始，我创办了依伊书院写作训练营，至今培养了近万名学员，其中有大学生、职场白领、全职妈妈等。而现在，他们有的签约十点读书、洞见、有书等平台，有的成为新媒体编辑，有的运营着自己的账号。

比如，我的学生 @ 娱田故事是一名大学生，特别喜欢娱乐，每天坚持阅读并输出自己的想法和观点，写成 1 000 字左右的短文，并发布在今日头条平台上。截至目前，她已经积累了近三万粉丝，每月仅流量收益就很可观。

我自己的经历，以及我所见证的这些学员的成长案例，让我愈加相信：新媒体写作是时代赋予我们每个普通人的机会，每个人都可以成为写作者，把我们的所见、所思、所想写成文章。

1.2 创作自由：利用下班后的时间投资自己

亦云白是我最早的学员之一，她被大家称为"鸡血云"，因为上稿频率很高，很多人以为她是全职写作，但其实写作只是她的兴趣爱好。像她这样的学员在我的训练营还有很多，一边上班，一边写作；或者是一边带孩子，一边写作，不仅锻炼了自己的写作能力，在工作和家庭中也能游刃有余。

为什么他们能在这么紧张的时间内坚持写作，并做到高产，就是因为新媒体文章创作的自由性，这种自由体现在时间、效率和写作平台三个方面。

1.2.1 时间调配：碎片化时间零存整取

很多人说，现代人离不开手机，只要一有空就把手机拿在手上。但亦云白说："别人看手机是为了娱乐，而写作者在娱乐的同时还要记录与思考，比如看到感人的新闻、精彩的金句，都要及时保存起来，提前想一想，要怎么把它们用起来。"

她说的没错，其实，这些碎片化的时间，足以让我们完成简单的素材搜集和文章构思。而在整块的时间中，就在先前素材搜集和文章构思的基础上，进一步写作成一篇完整的新媒体文章。

请不要说自己没时间，只要愿意写作，每个人都有大把的碎片化时间可以利用。

1.2.2 效率提升：让高效的方法引领前行

最开始写作时，遇到退稿或者稿件石沉大海的情况都是家常便饭。我的第一篇文章上稿稿费只有 150 元，还是编辑看我连续投稿才给的机会。

在文章发布前，她带着我反复进行了修改。

在文章发布后，她一边让我体会改与不改的差别在哪里，一边对我说："用筷子有方法，开车有方法，写作文有方法，写新媒体文章也有方法，只有方法对了，才能写得又好又快。"

我把自己改之前和改之后的文章仔细做了对比，才明白了她为什么强调方法，原来文章的写作是一个系统工程，从选题到标题，从开头到结尾，从结构到金句，都有共性规律。

后来，我开始边拆解爆款文章，边总结规律，边实践运用，总结了一套行之有效的爆款文章写作的方法技巧，大大提高了我的写作效率和爆款文章的产出率。这套方法我也分享给了训练营中的学员，在他们的写作过程中得到更加充分的实践证实。

1.2.3　平台众多：每个写作者都有展现的舞台

传统媒体写作，投稿反馈的周期长，而且渠道有限，无形中给写作增加了很多障碍，让写作变得很困难。但新媒体写作可选择的平台众多，反馈周期也较短，给每一位写作者都提供了可以展现的舞台。

1. 微信公众号

微信公众号是基于朋友圈社交的内容平台，依托的是微信超过10亿的活跃用户，也是最早的新媒体写作平台，经历了高速发展期（红利期），目前已经进入了稳定竞争期，账号逐步向具有深度原创能力的头部账号聚集，但依旧有定位垂直的小众账号或者风格独特的新账号崛起。就现阶段而言，个体经营账号的难度在加大，原创投稿的稿费却在增加。

目前，微信公众号的平台，如十点读书、有书、洞见、凯叔讲故事、成长树、潘幸知、张德芬空间等账号，经常发布"10万+"高赞文章，这些账号的稿费也十分可观，我们可以通过邮箱或者公众号后台留言进行投稿。

微信公众号内容刚开始的推荐机制是，先推送给账号粉丝，一部分粉丝打开阅读，其中一部分粉丝会转发到朋友圈，又被一部分潜在的读者看到并阅读，以此循环，直到朋友圈没有新的转发。

但推荐机制在 2020 年发生了变化，一方面改变了按照时间推送的规则，而是结合用户与该订阅号的互动、该订阅号的内容质量、读者的喜好等因素进行排序，包括未订阅的公众号也可能出现在用户的订阅信息里；另一方面，会在用户阅读文章的下方，推荐用户可能感兴趣的文章。除此之外，通过"在看"等按钮，打造新的阅读文章的渠道。通过这些规则，增加文章对于非粉丝群体的曝光率，更有助于新人和优秀内容突破公众号粉丝量的限制。

2. 今日头条

今日头条是基于大数据算法的写作平台，与微信公众号最大的不同是，内容最终的展现量与平台粉丝的关联没有那么强，对新人很友好。最核心的就是智能推荐机制，如图 1-2 所示。

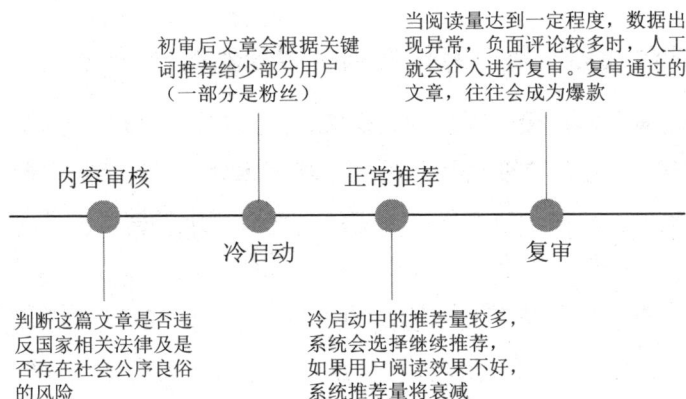

图 1-2 基于大数据的推荐过程

Tips：众多的新媒体平台为新媒体写作者提供了更多体现价值的渠道，比如，我有一名学员投稿微信公众号时被编辑拒稿，他随手就发在了自己的头条号上，结果成为"10 万 +"文章，获取了不错的流量收益。现在他在今日头条运营了一个万粉账号，经常写出爆款文章。

从图 1-2 中我们可以看到，一篇文章的推荐过程包含四个步骤：内容审核—冷启动—正常推荐—复审。即便你的粉丝很少，但只要文章质量过硬且数据较好，你的文章也会周而复始地被推荐给用户。与今日头条相似的平台还有百度的百家号、腾讯的企鹅号和阿里巴巴的大鱼号等。

3.抖音等短视频平台

2020 年后，短视频比较火，很多人会担心短视频的崛起意味着图文的没落，其实这是一个错觉。诚然相比于图文，短视频更具视觉冲击力。但短视频内容显示的深度非常有限，为了弥补这个短板，抖音也推出了图文计划。同时，短视频的核心依然是文字，比如标题怎么取，开篇怎么设计，结构怎么搭建，都决定着短视频最后的质量。有很多学员为一些大的短视频账号提供文案，虽然不直接生产短视频，但写作能力也得到很大提高。

1.3　五个维度：让我们重新认识写作的价值

为什么要写作？因为兴趣和爱好，因为想有一份副业收入……，原因可能多种多样，但写作带给我们的价值远超我们的想象。

有一位学员，加入了我的写作训练营，连续几个月都坚持日更写作。但因为底子薄，很多学员都开始陆陆续续上稿，她却没有实现零的突破。我担心她焦虑，便与她聊天，却发现她心态很好。她说，自己喜欢历史，现在每天都把自己读书的感想写下来，虽然没有上稿，但是感觉特别有意义。

有一天，她突然对我说："老师，我的微头条在今日头条有"1 000 万＋"的展现。"再后来，她被今日头条评为优质创作者，还被出版社的编辑邀约出版图书。很多学员都很羡慕她，但成功的背后，其实是她日复一日的坚持和输出，这就是她的成长路径。

当我们开始写作，就已经开始了新的成长历程，写作带给我们以下五个维度的价值。

1.3.1　价值一：写作倒逼思考能力的提高

很多人都说，写作是一件费脑子的事情。为什么费脑子？因为无论什么文章，都需要写作者动脑思考。在写作的过程中，要把万千思绪整理出来，先写什么，后写什么。

一个人是否经常写作，表现出来的思考能力也是不一样的。

我以前经常听风就是雨，然后又总是为别人的独到见解拍案叫绝。后来有一天，闺蜜给我打电话："依伊，我都不敢相信，这篇刷屏的高赞文章居然是你写出来的。"

是啊，居然是我写出来的。我是怎么写出来的？是经过认真思考写出来的。

在写作之前，我会在白纸上写上"是什么？为什么？怎么办？"然后通过以解答问题的方式写出来。

比如，我的文章《"跪着"的老师，教不出"站着"的学生》，就是按照采用这种方式进行思考写出来的，如图 1-3 所示。

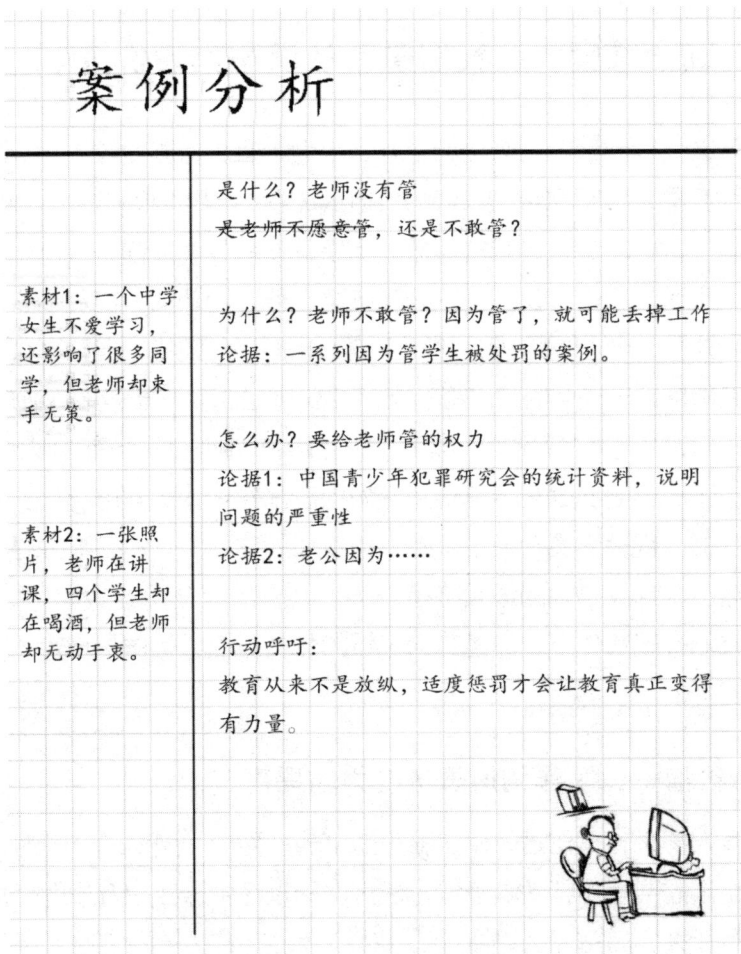

案例分析

是什么？老师没有管
是老师不愿意管，还是不敢管？

素材1：一个中学女生不爱学习，还影响了很多同学，但老师却束手无策。

为什么？老师不敢管？因为管了，就可能丢掉工作
论据：一系列因为管学生被处罚的案例。

怎么办？要给老师管的权力
论据1：中国青少年犯罪研究会的统计资料，说明问题的严重性
论据2：老公因为……

素材2：一张照片，老师在讲课，四个学生却在喝酒，但老师却无动于衷。

行动呼吁：
教育从来不是放纵，适度惩罚才会让教育真正变得有力量。

图 1-3 解题式思考分析

思考的过程，就是对文章框架构思的过程。首先，根据素材展开分析，从不同的角度思考"是什么"，并写在纸上，这样就有了不同的表达角度。我们从中选择更新颖，也更有吸引力的观点。然后，根据我们选择的表达角度，通过"为什么"进一步思考，透过现象看本质，抓住事件的真正原因。最后，提出"怎么办"并呼吁行动。

整个思考的过程中，我们需要搜集论据来论证观点，这样一篇文章的雏形也就出来了。

其实，一开始我的思考和分析的过程也很浅显，但持续的写作倒逼我不断思考，同时，我分析问题、解决问题的能力也进一步得到提升。

比如，同样的素材，别人的选题角度为什么比我的好，我为什么想不到，别人是怎么想到的？

又比如，我的文章发表后，评论区也有读者提出不同的观点，让我发现了之前没有考虑到的地方。

慢慢地，我学会利用辩证法去分析一个事件，学会从不同角度去思考一个问题，学会从不同的细节出发寻找一个观点。而思考能力的提升，带给人的是核心竞争力的提升，因为你能比别人看到更全面、更深层次的东西，也更能找到行动的路径。

我的一位学员，开始写作后，养成了一个习惯，就是在工作和生活中学会深度思考。比如，上级安排一项任务，他就想安排这项任务的目的是什么？要达成什么样的效果？怎么做才能出彩？这样的思考让他的文字表达能力得到提升，工作报告给上级留下了很深的印象，后来升了主管。

其实思考是我们每天都要做的事情，而通过写作来倒逼思考能力、训练思考能力，是很好的方法。

1.3.2 价值二：写作让人的逻辑更严谨

写作是用有限的文字说明一个观点，这本身就是一种对逻辑能力的训练。在写作的过程中，需要分析自己提炼的观点是否正确？论证是否严谨？层次是否清晰有序？前后是否有关联？

比如，有一次，学员写了一篇关于人到中年的文章，列举了中年人在经验、阅历等方面的种种优势，以此反驳职场对于中年人的不公。这样写没有错，但不严谨，因为中年人除了具有的优势，也有如精力等方面的劣势，只有正反两方面都包括，才更加客观和让人信服。

逻辑严谨需要贯穿整篇文章的写作过程，选题、结构、开头、结尾之间的逻辑关系是否很强，需要写作者反复推敲才行。而在写作、投稿、发表的过程中，还有编辑、读者等"第三人"来做评价。

比如，文章被投稿后，编辑会指出哪段文字在逻辑上出了问题。

又比如，文章发表后，很多读者会自发在评论区指出文章逻辑上的问题。

这种来自"第三人"的评价，可以打破我们自身对事物认知的局限，发现自己没有发现的问题，从而进一步提高我们的逻辑能力。而这种严密的逻辑能力运用到工作中，也能使得我们的工作思路清晰，不出纰漏。

1.3.3 价值三：写作是学习成长的助推器

我在看了电视剧《欢乐颂》后，写的一篇文章《爱情里，最不能索要的一种东西》被一个较大的公众号转载录用。文章被发布后，我就顺手发到了朋友圈。一个朋友看到后发信息给我："我只看了一阵热闹，你怎么会有这么多收获，看得比我远、比我深。"

其实，这就是写作者与非写作者最大的区别。因为习惯成自然，所以在看到一本书、一部剧、一则新闻，总是会情不自禁地去思考，得到的收获自然也就更多。

除此之外，写作也是学习效果的巩固器和检验器。通过写作，可以再次复习和梳理之前学习过的知识点。而学习的效果怎么样？阅读的收获怎么样？在写作中也能够得到检验，如果学习的效果不好，那么写作时就会很吃力，继而促使自己再学习。

同时，写作倒逼我们去学习。因为写一篇文章，需要大量的素材、知识来支撑，持续的写作就要求我们必须持续去阅读、去学习。如果没有持续的输入做支撑，写作时就会感到很乏力。

比如，我的一个学员专注于写历史领域的文章，她给自己列了一个长长的书单，经常一边阅读，一边写作，从阅读中学习知识，从写作中复盘知识，还专门建立了自己的知识付费专栏。实际上，她是将输入和输出构成了闭环。在这个闭环中，她会不断地阅读、写作和积累。

1.3.4　价值四：写作可以开启第二份收入

稿费、平台收益、征文奖励等可让新媒体写作者在本职工作之外获得第二份收入。这份收入，并不需要耗费大家太多的时间，而是利用碎片化时间和下班后的 8 小时就可以做到。

尤其，现在可以多平台运营，更是给写作者带来更多的机会。我有很多学员，不仅是知名度高的公众号的签约作者，自己还运营着今日头条号、百家号、小红书等账号，稿费也较可观（见表 1-1）。

表 1-1　学员月写作收入表　　　　　　　（单位：元）

短故事更新30 条	平台约稿4 篇	带货收益	征文奖励	小红书"种草"广告 2 个	软文写作1 篇	星图广告1 个	合计
1 000	2 000	1 500	200	1 000	500	500	6 700

有的学员追求的就是这种自由的生活方式，成了拥有几十万粉丝的博主，月均收入突破了 5 位数。还有很多像我一样的全职妈妈，在带孩子的同时也有了一份收入，这份收入不仅改善了生活，也提高了自信心。

1.3.5　价值五：写作是个人影响力的"放大器"

罗振宇说："未来社会最重要的资产是影响力。影响力是怎么构成的？两个能力：一是写作，二是演讲。这都是让你出一份力，然后能够大规模地复制你影响力的方法。"

而演讲其实就是写作与演讲技巧的结合，归根结底还是离不开写作，而持续写作带来的是个人影响力的放大。

比如，我有个学员在今日头条上一直深耕育儿领域，积累了三万多粉丝，后来她建立了一个育儿方面的专栏，并推出了自己的付费课程，卖出了 2 000 多份。

又比如，我的另一个学员是一家公司的 HR（人力资源），她业余写作的方向就是分享职场知识与技巧，如今已经拥有了 10 万多粉丝。

他们是专家学者么？不是，但他们持续在某一领域深耕和写作，积累了比普通人更系统的知识体系，进而被更多的人看到、认可。

如果没有持续写作，没有一篇篇文章在传播，你即便具备这种知识体系，也不会被更多人看到。持续的写作放大了个人的影响力，而具备了这种影响力，在你开设专栏、"种草带货"时才会让更多人愿意消费。

我也是如此，坚持写作六年，通过一篇篇爆文让很多读者认识了我，其中很多爱好写作的朋友加入了我的写作训练营，至今已培养一万多名学员。

写作带来的影响力的放大，是新媒体时代赋予我们普通人都可以拥有的红利。

以上五个维度是写作可以带给我们的长期价值，人人都需要，人人都可以通过写作来得到成长。

第 2 章
做好准备，让你的写作快速进阶

我在各平台分享写作方法时，问我最多的一个问题是："老师，有没有快速提高写作的方法？"技巧和方法虽易学，但还需有毅力和韧劲。

写作需要一定的积累，技能的提高需要一定的过程，如果写作前就做好准备，采用正确的方法，就能够更快地提高写作技巧和效率，并在较短的时间内写出"10 万 +"、"100 万 +"甚至"刷屏级"爆文。

2.1 行动思维：开始写了，你就赢了一半

每一期训练营开营前，我都会告诉学员：一定要记住你现在立下的写作决心，因为今天一起出发的小伙伴们，未来会有 25% 的人连一篇文章都不会写。这个数字不是我随便说的，而是我连续组织几十期训练营，在统计了近万名学员的写作数据后得出来的结论。

想要写作快速进阶的第一步，是要有行动思维，即开始写一句话、一篇文章。

2.1.1 写作，最怕的是不动笔

作为一个从新手成长起来的写作者，我深知写第一篇文章是最难的。在写作之前，总感觉心里有千言万语，但到真正开始写作时才会发现落笔有多难。"想"和"写"是两个概念，要把脑子里千头万绪的想法变成一篇高质量的文章，对于新手来说挑战很大，很多人根本不知道如何下笔。

有困难是正常的。就像你第一次用 PS 软件时，不知道从何下手；就像你刚学会计时，一看到报表就发蒙……但只要你愿意去学习、去实践，就会一点点提高。

身边的很多朋友都觉得我现在很厉害。但他们不知道，在我刚开始写作时，连一篇 500 字的文章都写不出来。即便如此，我也坚持每天都写，经历过很多文章被拒的过程，但坚持一个月后，我就有了第一篇上稿，也清晰地看到了自己的进步。

所以，写作的第一步，就是动笔写。只有写了，我们才知道差距在哪里，才知道如何去提高。如果不动笔，那么你就永远站在原点。

不要给自己找太多理由，坐到屏幕前，开始敲击你的键盘，就是最好的开始。

2.1.2 写作，从学会提问开始

写作就是把脑海中的想法充分表达出来后形成的文字。但很多人不知道该从什么地方开始表达，因此迟迟不动笔。

其实，不用想得太复杂，脑子里有什么想法，就先把它写下来。如果依旧摸不到头绪，可以通过提问的方法来梳理自己的想法。我最喜欢用的是"7W3H"方式来提问，即 Who（主体 / 主角是谁）、Whom（对谁说 / 对象）、What（目的，目标，内容）、When（何时 / 期限、时间）、Where（何地 / 场所，目的地）、Why（为什么 / 理由，依据）、Which（哪一个 / 选择）、How（怎么办 / 方法，手段）、How many（多少 / 数量）和 How much（多少钱 / 金额，费用）。这种方式基本涵盖了所有的提问方式。

其中，Why 是最能派上用场的，因为"Why"（为什么）是直击理由、依据以及动机等问题，让我们能在回答问题中把握事物的本质。

比如，你想写一篇提倡孩子早睡的文章，就可以用"7W3H"来提问（见表 2-1）。

表 2-1　"7W3H"提问法

Who	Whom	What	When
文章主体是孩子	读者是父母	论证是否需要保证孩子睡眠	晚上几点睡
Where	**Which**	**How many**	**How much**
家里或者学校	1. 早睡保证睡眠 2. 晚睡冲刺学习	是否睡眠 8 小时以上	不涉及
Why		**How**	
为什么要保证睡眠？ 1. …… 2. …… 3. ……		要怎么保证孩子睡眠？ 1. …… 2. …… 3. ……	

当把这些要素都写出来的时候，我们的想法也就落在了纸上，一篇文章的雏形也就有了。

2.1.3　写作，是先完成再完美

当想法梳理成型，就应该朝着成文的方向努力了，但依然有很多人不敢开始写，因为觉得自己写得差，拿不出手。可是写得差，不是新人必然要经历的阶段吗？

写得差是任何一个新手开始写作的常态，再说你写得差谁会笑话你吗？你去投稿，那些编辑根本不认识你；发在自己的账号里，也不会有流量，所以放心大胆地写。我刚开始写作时，根本不知道热点、结构是什么，直到写了半年后才慢慢地学会。但现在，我的训练营中的学员，基本上在训练 21 天后就能打好基础。

新手写得不好不用怕，怕的是遇到困难就选择放弃，这样的心态不仅写不好，而且做任何事情都难有建树。

我们进入新媒体写作领域后，坚持比天赋重要，行动比技巧重要。要做的不是放弃，而是一点一点地学习新媒体写作技能，并且把学习的成果运用到写作实践中。

尤其是在最开始的时候，我们要一鼓作气地尽量把想法梳理成文章。

在一篇文章的初稿形成后，再从标题开始，运用新媒体爆款文章的标准对内容进行检验，比如说主题集中，看是否有跑题的地方；层次清晰，看是否有层次混乱的地方。经过反复修改、打磨，写到自己可接受的效果，而进步就发生在这个过程中。

当拉长这个周期，进步和成长每天都看得见，最后优质的文章会在某一天破茧而出。

2.2 读者思维：从自我写作到替读者表达

很多新人会问："老师，为什么平台没有推荐我写的内容，也没有读者点赞和评论？"答案很简单：读者对你的文章内容不感兴趣。

一篇新媒体文章只有被读者喜欢，读者才愿意点赞、留言和转发，平台才愿意给流量，文章也才能有更多的阅读量。新媒体写作必须建立读者思维，从读者的角度出发，写出读者愿意看的文章。

这就要求我们在写作时，不仅要考虑"我要表达什么"，还要考虑"读者想看到什么"。多站在读者的角度去思考，在"我要表达"和"读者想看"之间求一个交集——"我替读者表达"（见图2-1）。

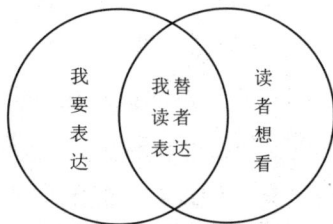

图 2-1 建立读者思维

2.2.1 读者需求，新媒体写作的立足点

新媒体写作不是写日记，也不是记录心情。从一开始写作就必须要牢记，内容的创作要将读者的需求摆在第一位。而读者需求包括以下几方面：

1. 读者对于实用价值的需求

在面对某种典型问题时，比如育儿问题、职场问题、沟通问题、成长问题等，读者需要的往往是一个解决方案。

比如，以下三个关于 PPT 的文章标题：

- 标题 1：《月薪 3 万的人是怎么做 PPT 的》
- 标题 2：《我一直以为自己擅长 PPT，直到见到这些神技……》
- 标题 3：《"累死累活比不过写 PPT 的"，员工吐槽 24 小时后，被 CEO 奖励 5 万元》

上述三个标题都与 PPT 有关，但对特定需求的读者而言，前两个标题给读者的感觉更有实用价值。

基于实用价值的文章，要思考两个问题：第一，发文平台的粉丝是谁？例如，亲子育儿平台的粉丝群体为宝爸宝妈，职场教育平台的粉丝群体就是职场人士。

第二，粉丝的实际需求是什么。宝爸宝妈需要育儿知识以及与孩子有关的一切痛点知识，职场人士需要在职场中能提高自身软实力和硬实力等方面的知识，依此类推。

2. 读者对于信息的需求

当一个热点事件开始传播时，读者一般有三个心理需要，知道得比别人快、比别人深以及比别人更新鲜的信息。

（1）比别人快

好奇是人的天性，无论是明星八卦，还是身边新闻，我们都想知道得比别人快。新媒体写作也是如此，在热点出来之后就是创作者比拼写作速度的时刻，成文越快、发文越早，越能获得更多的流量。

（2）比别人深

热点在发酵一段时间后，读者对浅显的信息已经厌倦，想看到更全面、更具深度的内容。这时，写作者要培养全面搜集素材、深度提炼观点的能力。

写作干货文同样如此，如果不能给读者提供更多、更深的内容，读者有什么理由关注你呢？

Tips：看过《奇葩说》的小伙伴会发现，只要角度不同、故事不同，就是公说公有理、婆说婆有理。写作也是如此，需要挖掘不一样的信息，找到不一样的观点，给读者不一样的新鲜感。

（3）比别人更新鲜的信息

读者更喜欢新鲜的内容，而不是老生常谈。如果一篇内容多次出现，读者就不愿意再次打开。因此，基于机器算法推荐的平台，如果某方面内容已经被推荐过，之后相近的内容就不会再得到高推荐。而很多账号的编辑在审文章时，也会对老生常谈的话题感到疲惫。

所以在进行写作时，要避免老生常谈和内容雷同。如果很多人对某一件事都持有类似观点，你就要敢于质证，思考这样的观点是否全面、客观？有没有更新鲜的角度，甚至是从相反的角度去思考。比如，"你的善良，要有锋芒"，就是对于传统观点的挑战。

3. 读者对于情感的需要

（1）读者被看见

很多美好生活的背后，都有着许多不为人知的努力与艰辛、心酸与痛楚。这些努力与艰辛、心酸与苦楚需要被看见、接纳和理解。

就好比我们年少时总以为成年人的世界鲜衣怒马，长大后才知道成年人的世界荆棘丛生。正因为成年后感受到了"荆棘丛生"，才会被《大话西游》中的那句台词"那个人好像一条狗"戳中，因为那句话形象地描述了成年人的不容易。

我的文章《这世上，最难的工作是当妈妈》，其中一段是这样写的：

HR 给每个人描述着这份工作的性质。

几乎都是站着工作，

需要不断发挥自己的聪明才智，

每天 24 小时在线，每周至少工作 135 个小时，

需要有医疗、金融、烹饪等学位，

无假期，

超负荷工作（包括元旦、春节等节日），

没时间睡觉，

工资为零，

几乎所有人都不相信有这样一份工作。

但 HR 还是在坚定地说，有人正在做着这份工作。

大家还是不信，但 HR 轻轻地吐出了三个字——母亲们。

所有人一下子都笑了，笑着笑着又都哭了，"感谢妈妈你为我们做的一切""无论大大小小的事，你一直都在"……

这是世界上最难的、最累的工作，不断付出还不求回报，没有一个人愿意干，只有妈妈们愿意。

许多妈妈都是甘愿放弃自己的生活，为孩子们的成长和家庭的温馨拼尽全力。

这段文字描述了妈妈工作的不容易，而且直接通过 HR 量化。这篇文章发布后，很多粉丝都在评论区留言。

有的粉丝评论如图 2-2 所示。

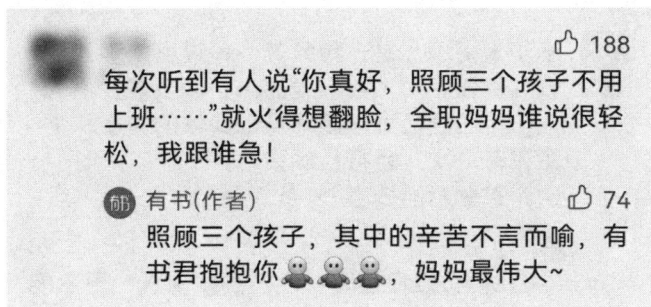

图 2-2　评论（1）

有的粉丝评论如图 2-3 所示。

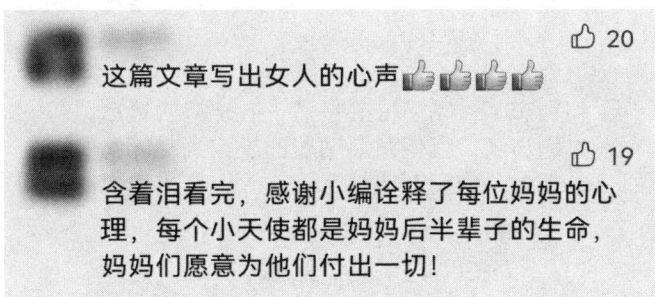

图 2-3　评论（2）

看到这些评论时，我特别开心，这种开心是因为自己真正地理解了读者。

（2）帮助读者表达

作家巴金说过："我正是因为不善于讲话，有感情表达不出来，才求助于纸笔，用小说的情景发泄自己的爱和恨，从读者变成了作家。"

很多读者看到一个事件、一个故事后，有很多话想说，但是又不太会总结。作为写作者就要从读者视角出发，替他们把想说但又没总结好的话表达出来。

比如，我的文章《你喝的是酒，没的是命》发表后，很多粉丝直接复制文中观点，与文章一同转发到自己的朋友圈，表示对文章的认同。（见图2-4～图2-6）。

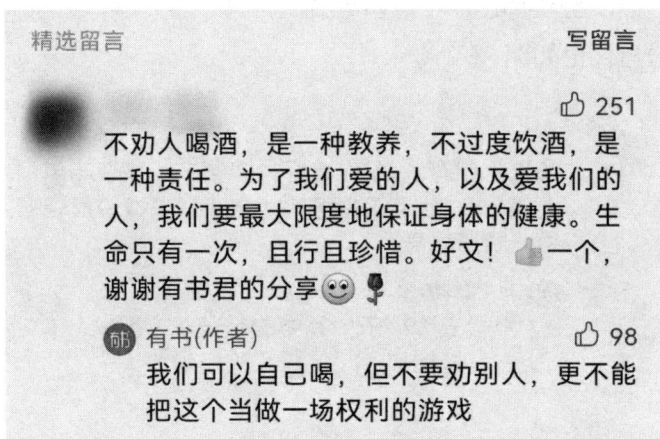

图 2-4　评论（3）

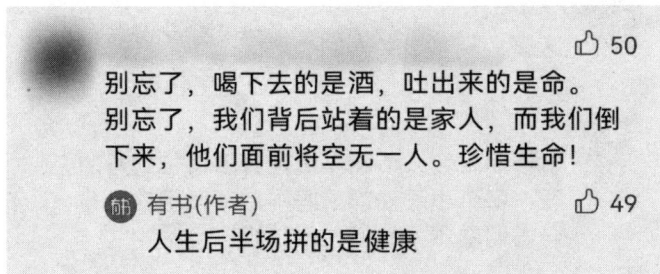

图 2-5　评论（4）

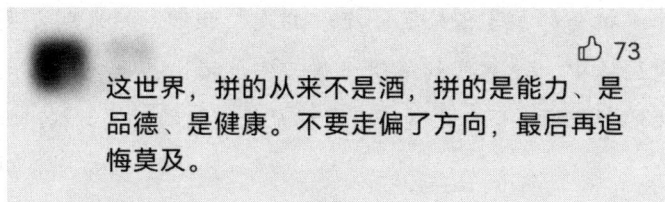

👍 73

这世界，拼的从来不是酒，拼的是能力、是品德、是健康。不要走偏了方向，最后再追悔莫及。

图 2-6　评论（5）

有的粉丝还特意让爱人一起听，期望对他有所触动（见图 2-7）。

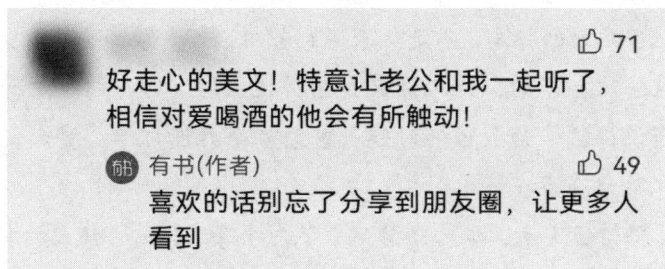

👍 71

好走心的美文！特意让老公和我一起听了，相信对爱喝酒的他会有所触动！

🈵 有书(作者)　　　　👍 49

喜欢的话别忘了分享到朋友圈，让更多人看到

图 2-7　评论（6）

（3）正向价值引导

读者被看见了，想说的话表达了，之后呢？文章还要有正向的价值引导。

比如，成年人受到压力、委屈、辛酸，会在某一刻崩溃。他们的情感需要被看见和理解，但他们努力的意义也要写出来。因为收起了委屈后，成年人依然要前行。肯定这种努力，肯定这种奋斗的身影，是读者内心期待的，也是一种正向价值的引导。

我的一篇关于"坚持奋斗"的文章中，最后讲了两个故事：

有网友曾讲述过自己的经历。

公司经营两年后，因为大环境的影响，业务几乎停滞，为了能准时给员工发工资，几个合伙人只能四处借钱。

接着，她的身体又出了问题，接连几次住院。

雪上加霜的是，她的父亲又因

> Tips：把读者想说但又没有总结好的话写到文章中，不仅能引起读者的强烈共鸣，他们还会直接把这些话复制到评论区，或者转发到朋友圈，这就提升了文章的阅读数据。

为被人误导，把全部积蓄借给了一个"朋友"放贷，结果朋友失踪了。

每一次困境中，她都感到绝望、痛苦、流泪，甚至怀疑人生。

但也让她渐渐明白了一个道理：当你无计可施的时候，熬，就是唯一的出路。

后来经过打官司，父亲追回了所有的钱。

她的身体也逐渐好转，怀孕生子。

而公司也在硬撑了一年后，出现转机，运营良好到现在。

人生越来越好的标志，不是从未遇到苦难，而是你扛过了多少苦与难。

就像这一次，华为，让人惊叹于它科技上的实力与精神上的强大。

可谁还记得，华为最难的时候，整整 6 个月没订单，资金链断裂，创始人任正非常常在半夜落泪。

任正非坚持了下来，华为坚持下来了，才有了那句"伟大的背后，都是苦难"。

没有谁会随随便便成功，但真正吃过苦的人，不会轻易被现实打败。

文章通过这两个真实的故事阐述了坚持奋斗的意义，得到了读者的共鸣。社会正向的价值观，如爱国爱家、善良正义、奋斗努力、自律自省等，是大部分人都认可和推崇的。秉持这些正向价值观，是一个写作者应有的素养，也是文章被读者认可的基础。

2.2.2　吸引目光，读者阅读的前提

《故事经济学》中讲道：在这个注意力如此分散的时代，吸引并保持关注度的能力，是市场营销人员唯一的优势，也是最优价值的资产。

对于写作者而言同样如此。文章内容能否吸引读者的目光，并让他们保持关注度，是决定文章最终能获得多少阅读量的前提。其中，吸引是第一步，让他们保持关注度是第二步。具体而言要做到以下两点：

1. 讲好故事

当下大多数人的阅读场景是这样的：打开手机会弹出很多条信息，同时映入眼帘，注意力此时特别分散。哪一条信息更有吸引力就会先打开哪一条，如果打开后觉得没意思，就会快速退出，重新做出阅读的

选择。

对于写作者而言，你必须通过内容快速抓住读者的注意力，并使得他们专注于你的内容。要怎么做呢？麦肯锡经典写作工具书《金字塔原理》中给出了答案："有一种

> Tips：很多人对故事天生有一种误解，认为故事是虚构的一个事件；其实，故事是指一系列由冲突驱动的动态递进事件。

非常简单的办法，即利用未讲完的故事所产生的悬念效果。"

为什么要讲故事，因为相比于平淡的叙事，或者空洞的讲道理，故事以其生动、精彩的情节更容易吸引读者目光。这也是各个自媒体平台上大部分爆款文章的一个共同点：先讲一个有吸引力的故事。

故事的核心是冲突。冲突又分为内心冲突、个人冲突和外部冲突三种。如表 2-2 所示。

表 2-2　冲突的三种类型

类　型	具体表现	举例
内心冲突	与一个人内在的情绪、想法、欲望、认知等方面的冲突	反常
		愤怒
		失望
		犹豫
个人冲突	发生在生活中最亲密的对抗关系	夫妻矛盾
		亲子矛盾
外部冲突	个人与其他非亲密者的矛盾	领导与员工
		公司与客户
		医生与病人
	个人与环境的冲突	遇到车祸、地震等

续表

类型	具体表现	举例
外部冲突	非个体之间的矛盾	公司与公司
		国家与国家
		团体与团体

但很多写作新人在一开始写作的时候，习惯用叙事的方法，把一件事写成了大事记或者流水账，缺乏吸引力。

以下两段文字，大家来对比一下：

写法一：2014 年，赵保丹从南京大学本科毕业后到英国留学。2018 年，她获得剑桥大学博士学位后到浙大担任博导，两年后获得达摩院青橙奖，拿到了百万元的奖金。

写法二："29 岁浙大女博导赵保丹获得了达摩院青橙奖，拿到了百万元奖金，但看简历，却发现这个她竟然没有硕士学位？"

写法一是学员写的微头条开头，在今日头条发布后一直没有推荐；写法二是我帮学员修改后的开头，修改后获得"60 万 +"的展现。

其实，写法一之所以没有被推荐，就是因为写成了流水账，缺乏"冲突"，自然也就很难吸引读者的关注。我增加的"冲突点"是"博导竟然没有硕士学位"，这也是在学员的开头素材中提炼的。其实，直博没有硕士学位是正常现象，但把它写出来，会让大家觉得有些"反常"。这个反常点，营造了悬念，同时也激发了读者一探究竟的好奇心。

Tips：在开头营造悬念，在文中给出原因，会让读者对开头人物的印象更深刻。而冲突—疑问—解决方案三步骤是常见的故事模型。在这个模型中可以只有一个冲突，也可以有连续多个冲突，直到最后找到解决方法。

2. 富有节奏感

当下，很多读者是利用碎片化的时间阅读，这是一种浅阅读状态。可能大家都有这样的体会，有的文章平铺直叙，读起来没什么意思，就关闭文章另选；有的文章能紧紧抓住读者的目光，让人一口气读完，最后还忍不住评论和转发。为什么文章与文章之间的差距这么大，就是因为会写文章的人能把握节奏：情节该快的时候快，该慢的时候慢；该略写的时候写得略，该详写的时候写得详细，该有冲突的时候有冲突，才能紧紧抓住读者的目光。要做到有节奏感，就要抓住三大要素，如图 2-8 所示。

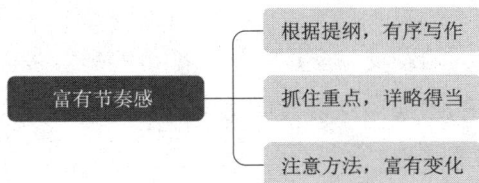

图 2-8　节奏感的三大要素

首先，要根据提纲，有序写作。提前列好文章提纲，想好每一部分怎么写并做好执行，防止无序写作，让读者摸不着头脑。

其次，要抓住重点，详略得当。把具有吸引力的细节重点写，其他地方可以一笔带过，避免拖沓。

最后，要注意方法，富有变化。多用动词，动词比形容词更能带动读者的思维；多用转折词，让内容出现反转；多用长短句搭配，让读者在阅读时，视觉上不会感到疲惫。

2.2.3　社交属性，爆款背后的机制

一篇新媒体文章能否成为爆款的前提，取决于有多少人评论、转发。越多人参与，就意味着这篇文章被越多的读者看到。而读者愿意参与一篇文章，取决于这篇文章是否具有社交属性。

1. 与读者朋友圈有关系

如果文章内容与读者朋友圈有关系，就更能激发他们评论与转发的意愿。比如，在居家办公期间，很多人都在朋友圈转发科普、美食相关的文章。

又比如，文章《高考状元身份公布，揭示一个扎心真相：父母的样子，决定着孩子的未来》发布后，很多读者看到后就转发到了朋友圈，因为亲子关系是最常见的关系之一，而高考后这一类的话题又是热点，所以文章

转发后会得到朋友圈很多人的关注和互动。

反之，如果文章的受众比较窄，产生的转发量也会比较少。比如，受众较少的干货文章，虽然对有需求的读者比较有用，但因为与他们的朋友圈大部分人无关，所以他们很少转发，因为转发了也没有人关注，就失去了转发的意义。

2. 具备高级感

对于读者而言，转发文章到朋友圈，期待的是更多的人看到并点赞。点赞不是目的，目的是通过点赞被朋友认可，并跟朋友产生连接。这就要求文章必须具备如下特点：

首先，是正向价值而不是流于低俗；

其次，标题亮眼且能吸引朋友点击阅读；

最后，朋友看完后愿意点赞，并留言互动。

在前面我们提到，读者看完文章后总会有很多话想讲但又不善于总结。作为写作者，如果能把他们没有总结好的话，用精准的金句表达出来，就让文章具备了高级感。

3. 具备谈资

文章要提供一个话题，或者有趣，或者有争议，或者有共鸣，吸引读者愿意发给朋友进行社交讨论。很多热点的传播，就是因为读者对于文章话题有很强的讨论性。随着社交链条不断地扩散话题，引发了很多人的讨论和参与，最终成为现象级话题，也由此出现了很多爆款文章。

2.2.4　触发情绪，读者共鸣的秘钥

从我开始投稿起，很多编辑就在强调：如果你有共情能力，哪怕文笔差一点，也能写出 80 分的文章；如果你没有共情能力，即便文笔再好也抓不住痛点。

什么是共情？就是能感知到读者的情绪，也能触发读者的情绪。试想，你看完一篇文章之后没有感觉，会评论、转发吗？而要有共情能力，就要先知道人有哪些情绪，从唤醒度高、唤醒度低、愉悦度高、愉悦度低四个

维度来看，分别有惊奇、惊恐、兴奋、害怕、紧张等，如图 2-9 所示。

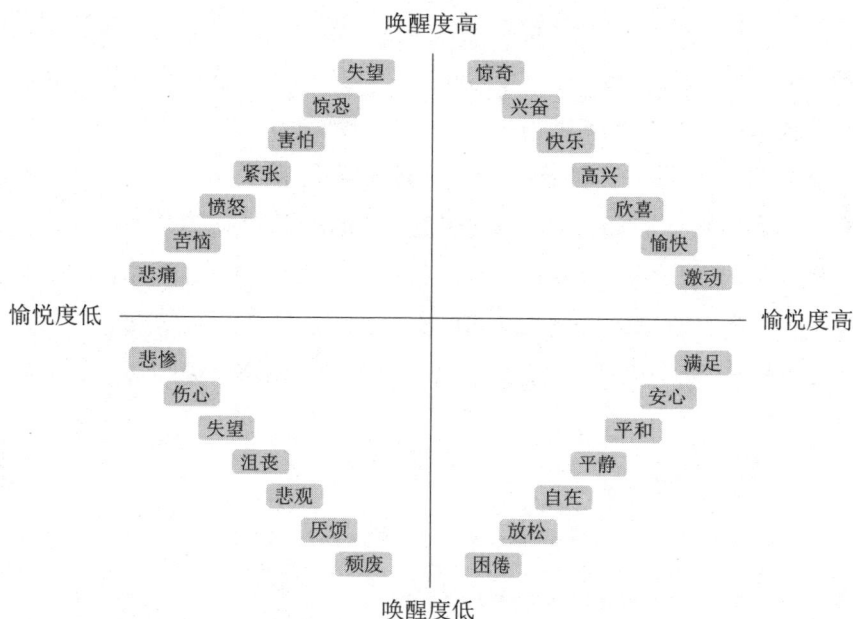

唤醒度高

失望
惊恐
害怕
紧张
愤怒
苦恼
悲痛

惊奇
兴奋
快乐
高兴
欣喜
愉快
激动

愉悦度低 ——————————————— 愉悦度高

悲惨
伤心
失望
沮丧
悲观
厌烦
颓废

满足
安心
平和
平静
自在
放松
困倦

唤醒度低

图 2-9　情绪的四个维度

新媒体文章最经常触发的情绪，是唤醒度高的情绪。情绪没有好坏之分，即便是恐惧、愤怒等情绪，也有其特定作用。

比如，对疾病的恐惧唤醒大家对健康的重视，学员的文章《人到中年，健康最贵》阅读量超过 100 万，就是唤醒读者对于疾病的恐惧情绪，进而注意自身的健康。而愤怒情绪，常见于某一个不公平的事件上，唤醒的是读者内心的善良和对弱者的同情。

只有在情绪上产生触动，才能让读者产生互动与分享的冲动，但怎么唤醒读者的情绪呢？

先打动自己，再打动读者。情绪产生的共鸣是不会骗人的，如果你写出的事件都没有触动你，又怎么能触动读者。所以在动笔前，先问自己，这篇文章"代表了谁的声音，写的是谁的情绪，能赢得哪些人的共鸣"，继而找到目标读者。然后，把自己当成读者，从读者的视角去看待问题，去感知读者的情绪。如果是热搜事件，还可以通过评论区，去看看高赞评论，进而找到读者的情绪点。

做好目标读者群体的需求分析，围绕需求对文章谋篇布局，通过精心设计的故事细节、观点和金句来一点点调动读者的情绪，到文章结尾处把读者的情绪调动到最高。在这个过程中，要用对比、反差等手法，将读者慢慢地代入你的故事和场景当中去。

比如，我在和桌子老师合写的《如果男人学会"坐月子"，99％的夫妻都不会离婚！》文章中，标题就是一句带有情绪化的"吐槽"，文中我也代入了自己坐月子时的种种经历，通过一个个细节触动读者的情绪，得到很多共鸣。文章内容如图 2-10 所示。

文章发布后，互动和转发率很高。有的粉丝留言（见图 2-11）：

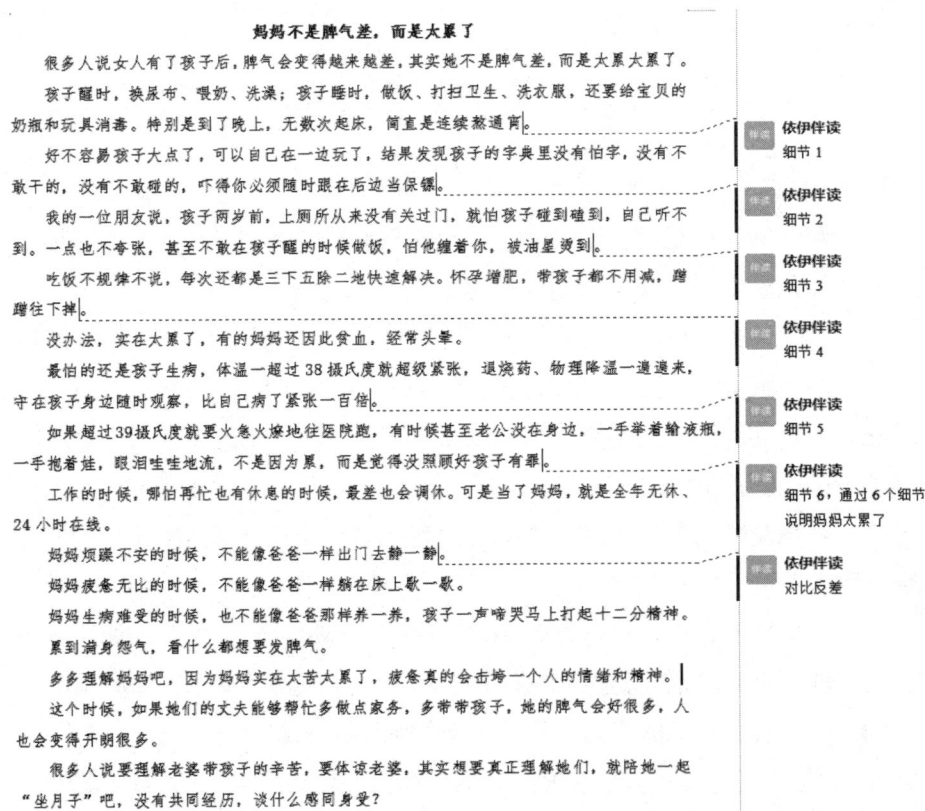

妈妈不是脾气差，而是太累了

很多人说女人有了孩子后，脾气会变得越来越差，其实她不是脾气差，而是太累大累了。

孩子醒时，换尿布、喂奶、洗澡；孩子睡时，做饭、打扫卫生、洗衣服，还要给宝贝的奶瓶和玩具消毒。特别是到了晚上，无数次起床，简直是连续熬通宵。 ——依伊伴读 细节1

好不容易孩子大点了，可以自己在一边玩了，结果发现孩子的字典里没有怕字，没有不敢干的，没有不敢碰的，吓得你必须随时跟在后边当保镖。 ——依伊伴读 细节2

我的一位朋友说，孩子两岁前，上厕所从来没有关过门，就怕孩子碰到磕到，自己听不到。一点也不夸张，甚至不敢在孩子醒的时候做饭，怕他缠着你，被油星烫到。 ——依伊伴读 细节3

吃饭不规律不说，每次还都是三下五除二地快速解决。怀孕增肥，带孩子都不用减，蹭蹭往下掉。 ——依伊伴读 细节4

没办法，实在太累了，有的妈妈还因此贫血，经常头晕。

最怕的还是孩子生病，体温一超过38摄氏度就超级紧张，退烧药、物理降温一遍遍来，守在孩子身边随时观察，比自己病了紧张一百倍。 ——依伊伴读 细节5

如果超过39摄氏度就要火急火燎地往医院跑，有时候甚至老公没在身边，一手举着输液瓶，一手抱着娃，眼泪生生地流，不是因为累，而是觉得没照顾好孩子有罪。 ——依伊伴读 细节6，通过6个细节说明妈妈太累了

工作的时候，哪怕再忙也有休息的时候，最差也会调休。可是当了妈妈，就是全年无休、24小时在线。

妈妈烦躁不安的时候，不能像爸爸一样出门去静一静。 ——依伊伴读 对比反差

妈妈疲惫无比的时候，不能像爸爸一样躺在床上歇一歇。

妈妈生病难受的时候，也不能像爸爸那样养一养，孩子一声啼哭马上打起十二分精神。

累到浑身怨气，看什么都想要发脾气。

多多理解妈妈吧，因为妈妈实在太苦太累了，疲惫真的会击垮一个人的情绪和精神。

这个时候，如果她们的丈夫能够帮忙多做点家务，多带带孩子，她的脾气会好很多，人也会变得开朗很多。

很多人说要理解老婆带孩子的辛苦，要体谅老婆，其实想要真正理解她们，就陪她一起"坐月子"吧，没有共同经历，谈什么感同身受？

图 2-10　文章截图

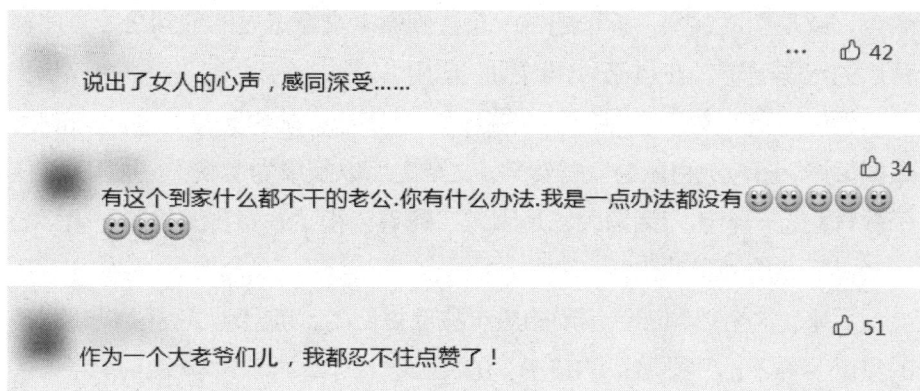

···　👍 42

说出了女人的心声，感同深受……

👍 34

有这个到家什么都不干的老公.你有什么办法.我是一点办法都没有😊😊😊😊😊😊😊

👍 51

作为一个大老爷们儿，我都忍不住点赞了！

图 2-11　评论

2.3　写作捷径：阅读、拆解、模仿爆款文章

《文心雕龙》中说：凡操千曲而后晓声，观千剑而后识器。意思是只有弹过许多曲调的人才能真正懂得音乐,看过许多宝剑的人才能懂得兵器。写作也同样如此。要快速提升写作能力，就要多阅读、拆解、模仿爆款文章。很多写作者一看"模仿"二字就会产生误解，认为模仿就是抄袭。其实，"模仿"不仅是新手写作者入门的必经阶段，更是很多优秀写作者必备的能力。

模仿不是抄袭，而是一种借鉴和学习。我们要写出爆款文章，就要先知道爆款文章长什么样子，比如选题如何拟定，角度如何切入，如何谋篇布局和遣词造句等；然后，把自己的学习体会运用到写作之中，进而写出一篇新的爆款文章。

其中拆解是关键，对一篇爆款文章从选题、切入、结构、段落、结尾进行详细的拆解，能帮助写作者从更深、更细的层次理解爆文和吸取有用的知识信息；同时，也是模仿的基础。下面，我将自己在训练营的实践5步拆文法分享给大家。

2.3.1　第一步，拆解选题标题

一篇文章能够成为爆款，首先是赢在选题，或是角度新颖，或是切中

热点，或是引发共鸣。拆选题，就是找到爆款文章选题的独到之处，理解背后的选题逻辑，在自己写作时加以运用。

例如，我的文章《"跪着"的老师，教不出"站着"的学生》发布后，数据很好，还被上百家公众号转载。文章之所以能成为爆款，一是因为"孩子教育"是一个热门话题，二是因为"跪着"和"站着"的强烈对比，给读者以强烈的视觉冲击。

后来，这个选题结合不同的热点被反复使用，也出现了类似《"跪着"的父母，养不出"站着"的孩子》的文章。

拆选题，除了被拆解的文章外，还要由点及面对同一类选题进行拆解，去更好地理解选题。将选题放在一起对比分析，在共同点中找到爆款文章背后共同的选题逻辑，在差异点中理解经典选题如何进行创新和发展。

例如，我曾拆解过读书类爆款选题，从相同的地方看，读书是经久不衰的经典选题，会经常伴随着新的素材再次成为爆款选题，如图 2-12 所示。

图 2-12　读书类爆款选题合集

后来当我看到"一个 00 后青年辍学后误入歧途，最后被警方通缉"

的新闻时，我就立刻写了文章《孩子，你不读书，哪里有出路？》，这篇文章被很多媒体转发。

在拆选题的同时，也要拆标题。标题与选题是不同的，有的是对选题的高度概括，有的则只是与选题有一定的相关性。标题是文章的门面，目的是提高文章的点击率和分享率。拆解标题，一方面要拆解选题与标题的关系，打开自己拟定标题的思路；另一方面要分析爆款文章标题的写作方法，为自己写文提供借鉴。

2.3.2　第二步，拆解切入角度

达·芬奇说：即使是同一只蛋，只要变换一下角度，它的形状就不同了。写作也是这样，同样的素材，同样的选题，角度不同，写出来的文章也截然不同。很多作者不缺文笔，缺的是好的角度。

> Tips：机会都是留给有准备的人，当你对爆文选题拆解足够多时，会提高选题的敏感性，继而快速写出爆款文章。

角度是写作者的创意，能找到不一样的视角看待某件事情，能让读者眼前一亮。电视剧《都挺好》大结局时热度很高，很多文章都是围绕家庭、情感、亲子等话题展开。我的一位学员却另辟蹊径，写了一篇爆款文章：《〈都挺好〉结束第 6 天，姚晨一句话让人泪奔：人到中年，不出众，就出局》，这篇文章由《都挺好》大结局引入，然后笔锋一转写到主角姚晨微博发的一条信息"翠平，好久不见。你还好吗，老余回家了吗？"，由此引出电视剧《潜伏》，继而从《潜伏》到《都挺好》10 年间姚晨的起起伏伏，从话题女王到跌入低谷，再到重新爆火，切入选题"人到中年，不出众，就出局"。从引用热点到切入选题，经过三次转折，这种创意思维值得写作者认真学习。

但无论是什么角度，一定是以素材的某个细节作为切入出发点的。素材拥有的细节往往很多，这就决定了有很多切入角度。比如，很多作者根据热播剧《人世间》的不同角度写了不同的爆款文章，我们选取其中三篇做拆解，如表 2-3 所示。

表 2-3　《人世间》相关爆款文章切入角度拆解

优质文章	素材引用	角度拆解
《人世间》刷爆全网，上亿网友热议：婚姻下半场，谁都躲不过这三个真相	剧中令人感触最深的，一定少不了"光字片"周家三个孩子的婚姻。 大哥周秉义和妻子门不当户不对，二姐周蓉和丈夫大胆"私奔"，小弟周秉昆则爱上独自一人带孩子的贫苦女人…… …… 而所有选择相伴同行的婚姻背后，都暗藏着这三个扎心真相	兄妹三人的婚姻，分别对应一种婚姻的真相
《人世间》大结局：好的家庭教育，都遵循了这六条因果规律	周家三代人近50年的奋斗历程，让我们看到个人发展与原生家庭之间千丝万缕的联系。 我在思考，同为平民子弟，为什么只有周家子女成为时代的幸运儿？ 我从剧中总结了六条关于家庭教育的因果规律，越看越真实	从周家三代人的奋斗故事中，寻找家庭教育与个人发展之间的关系
《人世间》虐心一幕：很多人的家庭矛盾，多数源于不会好好说话	面对父亲的指责，周秉昆突然情绪失控，对着父亲咆哮着说了一句："都是一个爹一个妈生的，都一爹一妈养的，就我没出息。" …… 周志刚并没有感受到儿子对家庭的付出，反而出口伤人说： …… 这场吵架戏，也让很多观众感同身受，直呼真实又窒息。 家是讲爱的地方，但又有多少父母，用冷漠、打击、贬低、否定的方式来沟通？ 一个家庭最大的悲哀，是父母不会好好说话	从吵架切入，切到选题"很多人的家庭矛盾，多数源于不会好好说话"

其实拆切入角度，就是体会爆文作者是如何发现不一样的细节，并由此思考出不一样切入角度的过程，在这个过程中可逐步提高自己的观察力和思考力。

2.3.3　第三步，拆解层次结构

在训练营带学员的过程中，我发现很多学员的写作没有清晰的思路和框架，文章混乱、逻辑不清，让人很难有耐心读下去。在文章写作中，结构就是文章的框架，只有把框架先搭好，文章的条理才能更清晰，剩下的才是往里填充内容。

由于一篇爆款文章必定是写作者围绕论证主题精心设计了文章结构，所以拆解爆款文章时就要把这篇爆款文章的结构梳理出来，看看一篇好的文章框架是什么样的，进而进行模仿和练习，提高自己搭建框架的能力。

在拆解之前，先换位思考：如果我是作者，会如何搭建这篇文章的结构呢？文章结构一般分为并列式、递进式、对比式等，选择好一种结构模板后，就可以开始围绕选题搭建结构。

然后，拆解爆款文章的结构，一步步删繁就简，把文章的结构和行文思路理清。分析作者是如何设计文章结构的，对照自己的文章找出不足，以便更好地理解作者搭建文章结构的思路，并培养自己缜密的逻辑和清晰的条理性。

最后，模仿爆款文章的结构，搭建自己文章的结构框架。比如，在我的文章《孩子，你不读书，哪里有出路？》发表后，一个学员就进行了模仿，搭建了自己的文章结构，如表 2-4 所示。

表 2-4　拆解层次结构与模仿

选题立意	不读书，哪里有出路	不努力，哪里有出路
分论点 1	不读书的孩子都怎么样了	躺平的人，都怎么样了
分论点 2	寒门难出贵子，是一个伪命题	努力而不成功，还有意义吗
分论点 3	愿你一路向前，无问西东	你有多努力，就有多幸运
总结	观点层层递进，逻辑严密，最后呼吁好好读书	模仿范文的递进式结构，建立自己的文章结构框架

2.3.4　第四步，拆解层次段落

新媒体文章通常是由 3 ~ 4 个层次结构组成的，当结构框架确定后，就需要往其中填充素材和观点，这是文章的最基本单元之一。只有把基本单元写好了，才能让读者阅读得更顺畅。在拆解的过程中，要注意以下四点。

（1）中心聚焦。每一个层次只能有一个中心思想，所以从讲述故事、引用案例开始，到发表评论、引出观点，都要做到意向清晰、主题明确，使人一目了然。在拆解的过程中，要体会作者是如何围绕分论点的素材来展开评论的。

（2）故事设计。新媒体文章主要是"讲故事"，通过"故事"吸引读者阅读，调动读者的情绪，增加文章的代入感。一篇爆款文章中每个层次的故事如何展开、细节如何描写，作者都是经过精心设计的。在拆解过程中要分析故事结构和写作手法，并运用到自己的写作中。

（3）对应关系。一篇爆款文章引用的素材与表达的观点是紧密结合的，观点是从素材中提炼或者引申的，而素材的选用与加工，是为了更好地表达观点，两者的对应联系让文章结合得更紧密，也更有说服力。

（4）金句。一篇文章如果少了金句，就少了记忆点，也就很难给读者带来深刻的印象。一篇爆款文章有很多金句，新手写作者可以对这些金句进行拆解和模仿。

2.3.5　第五步，拆开头结尾

文章的开头与结尾至关重要。其中，开头是读者阅读文章的开始，好的开头能强烈地吸引读者，继而阅读全文；结尾是文章的最后一块内容，好的结尾能提高读者参与互动与分享的概率，也能提高文章成为爆款的可能性。开头和结尾的写作，也是新手写作者最难完成的部分，常常会陷入纠结。所以，新手写作者要加强对爆款文章开头和结尾的拆解。

常用的开头方法有开门见山、金句引用、故事场景等，结尾常用的方法有：总结点题、首尾呼应等，在拆解时，须注意作者使用了哪些具体的方法，是如何使用的，并把自己的感悟记录下来。在自己写作时，就可以对照自己的拆解和感悟进行仿写。

新媒体写作在不断地迭代，读者对于内容的要求也在不断地迭代，所以不管是新手写作者还是持续写作的成熟作者，阅读、拆解和模仿爆款文章都是必备的日常功课。通过不断阅读、拆解、研究爆款文章，然后进行模仿，写出爆款文章的能力也会持续提高。

2.4 积累素材：建立取之不尽的素材库

素材都是写作的基础，没有素材，就是"巧妇难为无米之炊"。高效写作的前提就是建立自己的素材库，便于在写作时迅速取用。

素材库的建立首先需要分门别类，包括选题（标题）库 [主要用于存储爆款选题（标题）]；故事库（主要用于存储搜集到的素材故事等）；数据库（主要用于存储权威部门的专业数据等）；金句库（主要用于存储名人名言、好的金句等）；爆文参考库（把收集的爆文单独存放，便于学习）。

具体到每一个素材库，还需根据不同的领域进行不同的划分，如婚姻、恋爱、读书、善良、自律、教养、高考、中年等，便于随时查询。而要建立一个好的素材库，就必须养成积累素材的好习惯。

2.4.1 第一个习惯：收集爆款内容

在前文中，讲解了阅读、拆解、模仿爆款的方法。而在阅读、拆解一篇爆文的过程中，也是收集素材的好机会。要把爆文以及爆文中的标题、素材、金句等整理到不同的类库中，便于查询。

假设一篇文章会有 3 个故事素材，有 5 个名人名言，那收集同类选题 30 篇文章，就有 90 个故事素材和 150 个名人名言，减去一些可能重叠的，依然是一个庞大的素材库。很多读者在阅读时会发现，文章的某一个素材其实经常出现。这背后的原因，就是作者通过收集爆款内容后，再加以运用的一个表现。

收集爆款内容，除了按照选题收集之外，还可以按照具体的账号进行收集，比如我的很多学员在十点读书、洞见、有书等平台都有上稿。之所以有这个结果，与坚持收集这些对标账号的爆款内容是分不开的。

一个平台的爆款文章，就是这个平台收稿的风向标，找准了方向，其实上稿也会变得更容易。

> Tips：在素材的使用上不能照抄照搬，首先要追根溯源，查到素材的原始出处，全面准确地掌握素材。其次，在使用时，围绕自己的主题进行写作，把重点突出出来，也可删减一些不必要的文字。

2.4.2　第二个习惯：随手记录的习惯

好记性不如烂笔头。每个人在生活中，在观影中，在碎片化阅读中，都会看到眼前一亮的素材，总会有一闪而过的灵感。如果当时没有记下来，过后在进行写作中，需要用到时再去寻找，就要花费很多的时间和精力，甚至很难找到。

所以，当看到好素材或者有灵感时，必须通过及时保存照片、收藏网页、利用备忘录等方式及时记录，然后专门抽出时间，整理这些随手记录下来的素材，放到自己的素材库中，便于写作时快速检索。

1. 在生活中观察

俄国作家契诃夫说："作家务必把自己锻炼成一个目光敏锐永不罢休的观察家。要把自己锻炼到让观察成了习惯，仿佛变成第二个天性。"新媒体写作者也是如此，必须留意观察身边的人和事，把触动自己的及时记录下来，作为自己写作的素材。

虚构的故事永远没有真实的故事更打动人、更触动人，更能让人产生共鸣。例如，我曾在文章中写过我先生初中叛逆的故事，当时班主任却不愿意放弃他，让他靠着旗杆站立、叫过他的家长，硬生生地让他迷途知返。我当时想过很多事例，但最后觉得都没有我先生当年叛逆时，老师不遗余力挽救他的感受更真实。

很多新媒体写作者开玩笑说，自从开始写作后，自己的朋友已经不够用了。其实，在生活中观察，就是把触动你的事情及时记录下来，例如在地铁上看到一个人默默地帮助别人，随手拍一张照片，或者记录在你的备忘录上，等到你写"善良"主题时，就是很好的写作素材。

2. 在网上收集

现在，很多人都有网上冲浪的习惯，比如微博、知乎、微信、今日头条等平台，都是新媒体写作常用的素材来源。

微博是开放性资讯传播平台，也是热点新闻传播的发酵平台。特别是微博热搜，是每个新媒体写作者必看的榜单。另外，微博的社会频道有很多冲突性社会故事，娱乐频道有很多明星的动态，都是很好的素材收集来源。

知乎是国内互联网高质量的问答社区，其中很多回答者的角度让人耳目一新，而且内容创作的深度也让读者更有信服感；也有很多回答者的真实经历能引发共鸣。同时，一个问题下不同的回答，也能打开写作者选题的角度。

> Tips：很多新媒体平台在招聘编辑时，要求应聘者有信息敏感度，而信息敏感度首要的一点就是熟悉这些平台，及时发现和收集平台的优质素材，继而转化为选题或者放入素材库。

微信朋友圈看到的转发文章，自己关注的公众号或者今日头条账号发布的优质文章也是很好的素材来源。根据自己的写作领域，去关注该领域的头部账号，还能收获更深、更优的文章以及金句素材。

除了以上平台外，还有豆瓣、天涯、抖音、小红书等平台。在网上收集素材时，除了要关注好的素材外，这些素材的评论区往往也会很精彩，也能挖掘出不错的观点和金句。

3. 在书中摘录

书籍永远是写作中重要的素材来源。在阅读的时候，要把书中好的故事、观点、金句、知识点等做好摘抄，放入素材库中。写作者可以根据自己写作的领域，精读、速读相关书籍，更快地积累素材。比如，写垂直领域的干货，就要读垂直于该领域的图书。比如写亲子文章，就读《养育男孩》《养育女孩》《正面管教》等书籍。

在写作时引用这些书中的素材，能够提高读者对文章的信服感，因为书本身就带有一定的权威性和严谨性。

4. 在观看影视剧与综艺节目时收集

《我的前半生》《都挺好》《三十而已》等影视剧和《乘风破浪的姐姐》《向往的生活》等综艺节目中的很多情节和台词等，都是很多优质爆款文章的写作素材。因此在看剧时就要留意，把其中有代表性的情节和台词及时整理，放到素材库中；还可以搜集节目播出后的热门话题，并把观众讨论度高的情节和台词整理出来。

除此之外，名人故事同样是重要的写作素材……在平时看到名人故事类的素材，一定要立刻保存起来。另外，通过观看名人访谈和阅读人物特稿，深度挖掘人物不为人知的一些细节，积累更具新鲜感的素材。

2.4.3　第三个习惯：自动搜集素材的习惯

很多作者总是抱怨无素材可写，素材不好找。但其实只要明白新媒体平台的推荐机制，就能自动搜集素材，而且让素材多到写不完。今日头条、抖音、百家号等平台的推荐机制就是基于大数据算法，给读者推荐读者喜欢的内容；而微信公众号也增加了这样的推荐机制。逆向思考和分析这个机制，就能破解素材密码。如果写历史领域，就关注历史领域的内容，关注的其他号全部取消关注，推荐的其他视频坚决不看，只要持续几天，你就会发现，原来有这么多爆款素材。

> Tips：素材要注意积累，但积累的目的是写作，尤其是看到一个素材灵光乍现时，一定要在第一时间去写，不然我们的记忆会消退，灵感也会慢慢被遗忘。

其中的关键点是，你愿不愿意突破舒适的圈层，把自己定位成一个需要素材的写作者。

2.5　素材搜索：写文章的基础

学会积累素材只是第一步，但个人素材库的素材并不是每个都能用上。

尤其是有些选题有很强的时效性，如果搜集素材的速度跟不上，成文的速度和质量可能较难保证。所以，能够快速、准确地搜索素材，是新媒体写作者必备的技能。

2.5.1　叠加关键词搜索

搜索引擎是通过关键词来匹配搜索需求的，但这种匹配，往往是繁杂的、不精准的。而要减少不精准的信息干扰，叠加关键词搜索是一条捷径。

叠加关键词（见图2-13），就是关键词 A 与关键词 B 在信息上有交叉，叠加搜索之后，出现的信息是两者之间的交集，能够大大缩小搜索范围。

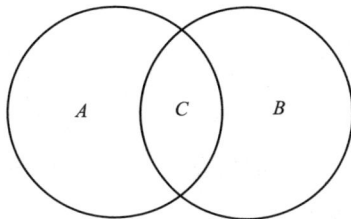

图 2-13　叠加关键词搜索

就像数学中的交集，当只搜索 A 与 B 的交集 C 时，范围就缩小了很多。比如，要写一篇关于教养的文章，可以用"教养 + 名人名言"叠加，就能搜到很多精准的名人名言。又比如，在写名人类内容时，可以用"人名 + 采访"来搜索名人接受采访的视频，通过采访视频能更快地找到他的观点与故事，也可以用"人名 + 人名"的方式来查询他与某个人的交集。

在大多数搜索引擎中，"+"是求交集，"-"是求差集，"-"的使用方法是前一个关键词与后一个关键词之间用减号连接，且减号的左边是空格（见图 2-14）。比如，你想搜索《笑傲江湖》的影视素材，但搜索出来很多是笑傲江湖的小说素材，我想让这些小说素材不显示在搜索信息

图 2-14　求差集搜索

里，那就使用差集。

还可以用关键词叠加删减组合的方式进行搜索，结果会更精准。

2.5.2　高级搜索模式

大多数搜索引擎都有高级搜索模式（见图2-15），以最常用的百度为例，点击搜索工具后，会出现搜索栏，涉及时间、文件类型等因素，勾选后就可以缩减搜索范围。

第一是"时间不限"，在其中设定时间段后，可以搜索到固定时间段内的素材。比如，某一个当下突然爆火的话题人物，读者会对他的过往产生兴趣，我们可以错开热点发生的时间，而设置"时间不限"这个选项进行搜索（注：设置的时间段是你想知道该人物的过往的时间段）。第二个是文件类型，即"所有网页和文件"，可以指定文件类型进行搜索。比如，只搜索Word类型的素材。第三个是"站点内检索"，如输入"qq.com"，那么得出的结果就全部是"qq.com"这个网站内的素材。

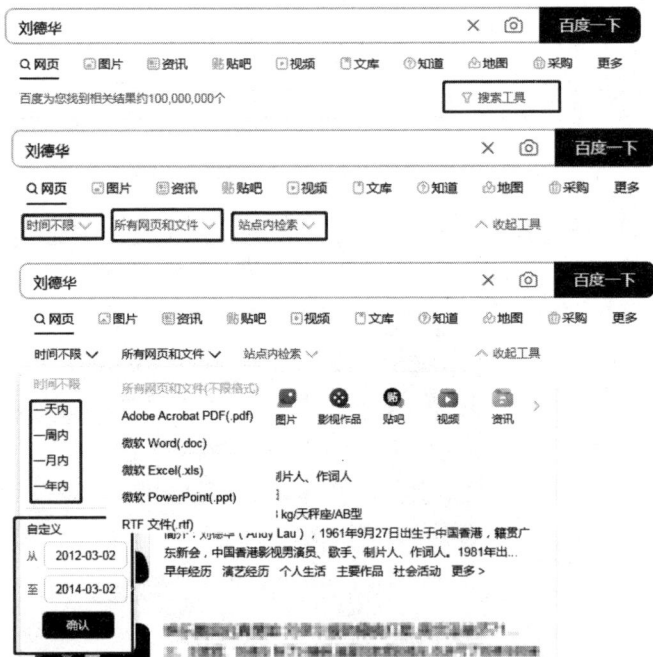

图2-15　百度高级搜索示意

2.5.3　垂直类网站搜索

微博、知乎、微信、今日头条等平台都是平时积累素材的好途径，同样也是搜索素材的好途径。通过微博搜索可以实时掌握最新的热点，也可以直接通过点击某个人的微博，比如说名人、作家等，看他是否发表过有关的文字，这些文字往往能成为文章很好的素材。

通过微信搜索，可以搜集到很多同类选题文章，继而从这些文章中挖掘素材。这种搜索分为两种形式，第一种是微信自带搜索，第二种是在各个公众平台内部进行搜索。比如，要写一篇关于婚姻的文章，可以在微信中搜索，也可以去十点读书、有书等平台搜索爆文，再通过快速浏览爆文的形式，看是否有可以为自己所用的素材。今日头条的搜索方式与微信搜索类似，可以分为资讯、微头条等进行素材搜集。

通过知乎搜索，目的是获得优质的回答和观点。在热点发酵时，知乎相比于微博、头条会更客观，也更有深度。

比如，一个学员搜索的安于舒适区和不安于舒适区对比的素材（见图2-16），就是来自知乎。

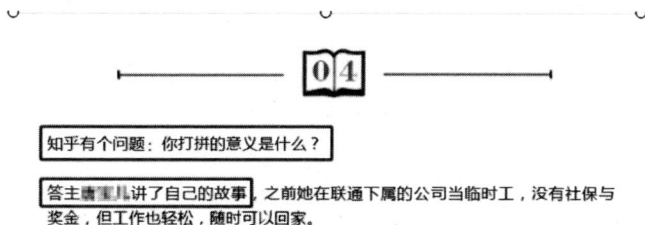

图2-16　在知乎上搜索的素材

其他垂直类网站还有，育儿类网站、写作类网站、论文类网站等，这些网站能够搜到更垂直的信息。

2.5.4　信息延伸搜索

在搜索素材、使用素材的过程中，素材也是在不停地进行延伸的。我们要做的就是做好记录，我称这种方法为信息延展法。比如，我在搜索张国荣与梁朝伟的故事时，又延展出一个情节，两个人拍摄电影时，都与另一个人发生了交集；而继续搜索又发现，与另一个人发生交集的还有很多人。

　　大家看，这些信息是不是在不停地延展，而这些延展的信息都能够成为我们笔下的素材，如图 2-17 所示。

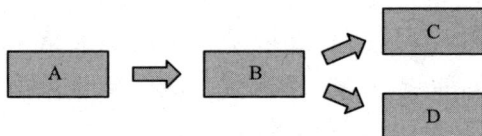

图 2-17　信息在搜索中延伸

　　而信息延展法的使用，必须记住一个很重要的习惯——随手记录。

　　在互联网时代，信息已经不再缺少，相反已经是海量，我们要做的是在海量的信息中快速搜索到写作所需要的素材。因此掌握快速搜索素材的方法就变得至关重要。

第3章
复利思维，写作都是时间维度的胜利

我自从创办写作训练营后，在不同的阶段遇到了不同的问题，写作新人最常问的问题是："依伊老师，我没有写作基础，可以写作吗？"写作一段时间后，又开始焦虑："依伊老师，我写了这么长时间，怎么一直都写不出爆文？"而开始写出爆文后，又因为数据波动而怀疑："我是不是遇到瓶颈了？"

不同的阶段，都有不同的问题与焦虑。遇到问题与焦虑是正常的，而解决问题最有效的方法就是坚持写下去，时间会证明一切。

我就是坚持的受益者。2017年年初，跟我一起开始写作的小伙伴，有的伙伴写出爆文的时间比我早，让我羡慕不已。但现在她们却因为各种原因放弃了写作，而天赋一般的我，却越走越顺，归根结底都是因为我坚持得够久。

3.1 写作心态：90%的作者都败在了这一关

为什么很多人写着写着就放弃了？是因为心理上有个自我否定的机制。这种机制指的是遇到问题时，总是先否定自己。这种情况与成长经历有关，有些家庭对孩子的教育以批评和鞭策为主，而不是表扬与肯定。

当你开始自我否定，认定自己不适合写作后，只要一写不出好的文章，就会找例子来证明自己不适合写作。当你最终"自证预言"时，也就选择了放弃。其实，写作是一件必定能学会的技能，在这个过程中请不要急于否定自己。

3.1.1　不要用"天赋"否定自己

经常有学员说："对不起老师，我不想写了，因为我不是写作那块料。"每当这时，我就会问自己："依伊，你有写作天赋吗？"

写作30天颗粒无收，写作一年有100篇废稿，回首过往，我走过的路，让我坚信即便天赋一般，也能凭借着努力成为写作的佼佼者。

我的一位学员"遇见"是武汉人，只是高中学历，在开始写作前一直在打工。后来，她想试一试新媒体写作。报名写作训练营后，她对我说："依伊老师，我想试试自己到底能不能靠写作实现财富自由。"

从那天开始，她就倒逼自己，每天至少写两篇微头条，拆解一篇爆款文章；每周至少写两篇图文，复盘一周写作的体会，就这样周而复始。突然有一天，她告诉我，自己的头条号粉丝已过万，还开通了商品卡。

后来，她还写出了展现3 000万的微头条，流量收益3 000多元，带货收入5 000多元，共计8 000多元。如今，她已经拥有了将近5万的粉丝。

她的成长让我感慨，换作其他人可能早就自我否定了——"我没有写作天赋""我学历这么低"。但"遇见"的内心却很坚定，她在不断的学习中，慢慢地掌握了写作方法，找出爆款内容背后的规律，最终成为别人眼中的"大咖"。

其实，很多人在写作上付出的努力，远远到不了论"天赋"的程度。像"遇见"这样的学员在我的社群里还有很多，年龄、学历、基础都不是障碍，障碍是你愿不愿意坚定地走下去。

3.1.2　不要让"比较"否定自己

很多人在写作时经常会问："为什么别人能写出爆款文章，而我的文章却被连连拒绝？"一起出发的小伙伴，为什么会拉开差距？这种差距打击着一部分写作新手的积极性。

其实，攀比是人的天性，相互比较在所难免，但要正确看待差距。人与人是不同的：

看似一起开始的，但是彼此之间的写作基础却未必一样；

看似一起学习的，但你不知道别人背后付出了多少努力；

看似一起写作的，但有人领悟会比你快；

…………

写作要做的，并不是与别人比较，而是与昨天的自己比较，今天的你是否有进步——

是不是昨天下笔还写不出来几个字，今天已经勉勉强强可以写出一篇文章；是不是昨天素材都不知道怎么找，但今天就学会了快速搜集素材。

这一点点的改变看似很不起眼，缺乏诱惑力，却是在为最终的成功积蓄力量。

3.2 复利优势：写作是一个滚雪球的过程

经济学家用一个式子表达复利效应：$(1+R)^N$。其中 R 代表你正在做的事获得的成长，这些事包括读书、写作、学习、财富积累等；而 N 代表时间。

当你每天坚持写作，一天两天看不出成长，但时间久了，你的成长就显而易见。在这个过程中，最难的就是开始这个阶段，因为看不到成长与收获，就选择了放弃。

3.2.1　爆款文章写作有门槛

新媒体写作人人都能做，但为什么很多写作者却很难写出爆款文章？因为写作爆款文章有门槛，无论是选题、素材选用，还是开头、结构、结尾，还是投稿、平台规则，都是有要求和标准的。

因为对这些要求和标准不熟悉、不了解，所以新人刚开始学习写作时，往往是"失败的"，文章要么被编辑拒绝，要么发布后阅读量很低。

很多写作者就在这种挫败感中出现了"自我否定"的心态，从而选择了放弃。不愿意给成长以时间，自然就很难看到复利的结果。

写作复利的过程，就像滚雪球一样，刚开始很小，但随着写作中一个个问题被解决，以及自己熟练度的提高，雪球会越滚越大，这是一个曲线上升的过程。

> Tips：要感谢写作有门槛这件事，因为它帮助你淘汰了 80% 不愿意坚持的人，让会写作变成一件稀缺的事情。因为稀缺，所以才更有价值。

之后的某一天，你突然有了突破，或是上稿，或是收到爆款通知，你发现自己已经跨过了门槛。突破门槛是一瞬间的事情，但突破的前提是你在写作路上的坚持。

3.2.2　坚持每天写作 500 字

在我的训练营中有一位学员属于兼职写作，但她坚持日更至少两条微头条，每个月在头条号靠流量收益和带货收益就超过 8 000 元。大家都佩服她的毅力，认为她的努力与辛苦，是常人无法想象的。很多人问她："你每天都上班，哪里来的时间写作？晚上一定睡得很晚吧！"

她说："大家误会了，我很少熬夜。其实，每天都有很多碎片化时间，比如上下班时坐地铁，吃完午饭也有一个小时，这些时间拿来写作是最合适的。"你看新媒体写作好像也没有多苦，只是把你平时刷手机、看短视频的时间拿来写作而已。

很多人把写作一篇 2 000 字的文章看成很难的事情，觉得自己没有整块的时间来完成。但每天写作 500 ～ 800 字呢？是不是利用碎片化时间就可以完成。

现在手机上可以写作的软件也很多，而微头条、百家动态几百字就可以发布，有阅读就有流量收益。所以，每天写 500 字并不困难。而把简单的事情重复做、认真做、坚持做，就是复利思维在写作中的运用。

> Tips：利用碎片化时间完成几百字的写作，可以积少成多。再把 1 ～ 2 个小时的整块时间利用起来，把这些碎片化时间写的文字进行梳理，就是一篇完整的文章。

在复利思维中，我们需要的不是一个立即实现的目标，比如说上稿，比如说一篇阅读量超过 10 万的文章，而是定一个我们能实现的行动目标，每天坚持至少写作 500 字，成长也会变得越来越快。

3.3 资源爆发：时间维度上的必然事件

在坚持写作的过程中，提高的不仅仅是写作能力，还有实现价值的能力。写作带来的资源、带来的收益，同样需要时间的发酵。

3.3.1　实现价值提升需要时间

新媒体写作的市场非常广阔，实现收益的途径非常多。

（1）收益从低到高的实现途径包括短故事（微头条、百家动态）、图文（今日头条、百家号等平台发文，公众号投稿，今日头条及知乎问答）。

（2）从平台来看，实现的途径包括公众号、今日头条、百家号、企鹅号和知乎等。

（3）从收益的方式看，实现的途径包括流量收益、投稿稿费、征文奖励、商单软文和带货专栏等。

这些不同平台、不同渠道实现收益的方法，都需要一个个地去学习。

比如，在今日头条和百家号，短故事（微头条、百家动态）可以挂带货链接，带货收入可以是流量收益的几十倍。但从一篇爆款的短故事到带货的爆款短故事，还有许多方法要学习，如商品如何植入故事、从故事到引导购买如何转化等。

随着自己写作能力的提升，一篇文章的价值也在提升，这是一个随时间的增长而增长的过程。

3.3.2　资源积累需要过程

偶尔的一篇文章上稿，并不会引起编辑的关注，但是上稿多了，编辑自然而然就会关注到你，并主动找你约稿。投稿和约稿仅一字之差，却节省了写作者寻找选题的时间，提高了上稿的概率，收入自然大大增加。而当写的优质文章越来越多，上稿的平台越来越大，就会有更多的编辑来主动联系你。

如果自己经营账号，那么粉丝的积累需要你持续不断地输出爆款内容。同时，这些爆款内容也在不断地加大你的曝光率，让一些需要投文案的甲方慢慢地认识你。而当粉丝积累到一定程度，你还可以加入官方的优质作者社群，大家在一起互动背书。

你可以看到，随着写作能力越来越强，爆文输出越来越多，就会有越来越多的人带着资源找到你。你的朋友圈在不断扩大，你的机会也在不断增加。

> Tips：想靠写作立刻实现月入过万的人，是不适合写作的，因为写作必然要经过一个准备期、学习期，才能进入一个成长期和爆发期。不愿意花费时间坚持的，将与这条路无缘。

第二篇

精心策划，爆款文章都是需要提前准备的

　　选题，是一篇文章的灵魂。好的选题，是一篇文章成为爆款的基础和前提。虽然，有时一个好的选题是作者突然间的灵光乍现，但更多时候，好选题是精心策划出来的。特别是很多拥有千万粉丝、百万粉丝的账号都会专门召开选题策划会，以找到符合平台调性、具备传播力的爆款选题。对于新媒体写作者而言，具备策划和制造好选题的能力，是持续写出爆款文章的前提。

第4章
好的选题，是爆款文章的前提

　　选题不仅决定一篇文章要写什么，还左右着这篇文章能有多大的传播上限，选题不对，内容花再多的功夫都可能是白白浪费精力。那什么样的选题才是好选题？简而言之，就是读者愿意打开、愿意分享，并且是弘扬正向价值的选题。如以下四篇文章的标题：

　　（1）《人到中年，健康最贵》；

　　（2）《〈西游记〉：读懂了白龙马，才足以谈人生》；

　　（3）《我的一天》；

　　（4）《父亲的话语里，藏着女儿的一生》。

　　你最不愿意打开的是不是第（3）个？为什么不愿意打开，因为我们不会对"别人的一天"感兴趣，即便这一天在作者自己看来很精彩。由此可见，如果选题本身不是读者感兴趣的，写得再用心都难以打动读者。

　　因此，我们从选题开始就要建立强烈的读者思维，在语言输出与读者需求之间，建立一个交集，从交集出发去策划和确立选题。

　　在写作实践中，我总结了12字的选题公式：

　　爆款选题 = 明确受众 + 找好爆点 + 利于传播

4.1 五大领域，选准赛道才能明确受众

　　写文章时，我建议每位写作者找准读者群体。如果你运营的是一个文史类的账号，却发了一篇职场类文章，浏览量肯定是少之又少。同理，如果你写的是文史类文章，却投稿到职场类账号，就会被账号编辑"拒稿"。

不同领域，其受众也是不同的，所以，明确自己文章的受众很重要。

4.1.1　文史领域

文史领域，主要指文化、历史领域。文史领域的受众最广，从青少年到老年人，不同年龄段的读者均涵盖其中。其中，文化又分为读书、诗词、国学、艺术、思想等细分领域，文章多以观点深刻为主。

历史可以围绕不同朝代进一步细分，文章多以挖掘细节为主，给读者以新鲜感。比如我的文章《人到中年，我才读懂了司马迁》，着重挖掘了司马迁在受刑前后的细节，以人到中年这个角度来解读历史人物故事。

4.1.2　情感领域

情感领域主要包括亲情、友情、爱情等。情感是人类永久的话题，与每个人息息相关。选题也比较宽泛，包括恋爱话题、婚姻话题、家庭生活话题等。但不同年龄、不同性别的群体，对于情感的认知是不一样的，因此策划选题时，要特别关注粉丝的群体画像。

如果你运营了一个账号，就可以通过后台清楚地看到有关粉丝的相关统计。图 4-1 所示为我的今日头条号"依伊文史社"的后台粉丝数据。

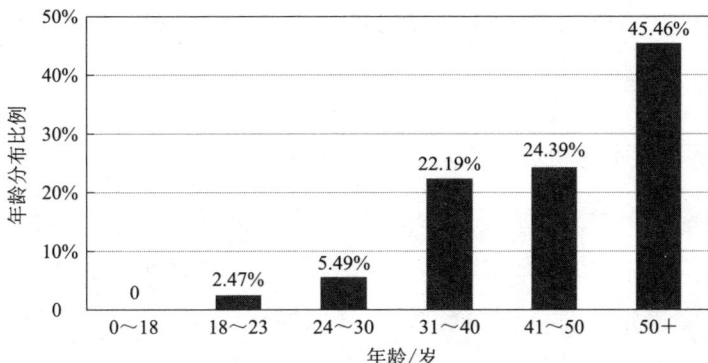

图 4-1　"依伊文史社"后台粉丝数据示意

这些数据虽然只是一个整体的统计，但也能对我们策划选题提供重要的参考。

比如，50岁以上的中老年群体与20～30岁的青年群体关注的情感选题不一样，前者可以写"半生已过，相伴就是幸福"，后者可以写"一个人是否爱你，就看他怎么和你说话"。

如果你没有运营过账号，在投稿之前，就要去分析目标账号的历史文章、账号介绍和征稿须知，继而再思考符合账号调性的选题。

4.1.3　亲子领域

亲子领域的受众特别清晰，就是父母群体。亲子选题包括从备孕、孕期、生育开始，到坐月子、科学养育，再到性格培养、学习提高、亲子交流等方面，如果能切中父母的痛点，也就能保证文章的传播数据了。

比如，我和学员亦云白合作写的文章《过年带娃走亲戚，千万别做这5件事》，就是从"过年带娃走亲戚"这件小事入手阐述如何尊重孩子的内心，很多家长看完后产生了很多共鸣。

亲子领域的很多选题的受众可以扩展到父母群体之外，比如，我写的的文章《孩子，这个世界上最爱你的或许不是妈妈》，主要写爷爷奶奶、外公外婆对于孩子的爱和付出。这篇文章，爷爷奶奶、外公外婆看了会觉得被看见、被认同；儿子、媳妇看了会觉得感恩，而对于很多父母来说，也能勾起他们小时候与爷爷奶奶和外公外婆之间的美好回忆。这篇文章当时首发于凯叔讲故事，最后被十点读书、洞见、读者等头部账号转载。

4.1.4　职场领域

职场领域针对的是职场群体。其可分为职场认知类、职场提升类和职场技能类。其中，职场认知着重分享职场社交、职场生存法则等文章；职场提升类着重分享如何正确择业以及如何提升升职加薪的能力等文章；职场技能类主要分享PPT、PS、Excel等软件实操的文章。

比如，《这4种情况下，千万不能入职应聘》《如果领导对你说了这3句话，你一定要细品》等文章，能够引发职场读者群体的认同，因为加薪、升职、个人成长是职场人士的核心需求。

4.1.5　其他垂直领域

在上述四大领域之外，还有旅游、本地生活、时尚、科技等领域。垂直领域的选题，要求内容聚焦所在领域，为关注这一领域的特定用户群体提供帮助。虽然这些领域的读者群体较小，但垂直度高，相比同等粉丝量的情况下，实现价值的能力更强。

在策划选题时，一定要根据目标账号的所有领域和历史文章阅读数据来展开，同时策划的选题还要尽量覆盖更多的人群。比如每年高考后，都会有大量关于高考的文章出现，比如：

（1）《高考成绩公布，请不要打扰别人的幸福》；

（2）《每一个高分考生背后，都是全力托举的父母》；

（3）《高二学生，你要读懂高考成绩背后的 3 个道理》；

（4）《×× 学校高考成绩再创佳绩，4 大教学优势盘点》。

以上四个选题的覆盖范围是不同的：第（1）个选题切入的是情感话题，话题的核心是"不要轻易打扰别人"，是每一个人都会遇到的，覆盖的范围最广；第（2）个选题切入的是家庭教育，会被父母群体所关注，同时因为借助了高考热点，能进一步扩大潜在的读者数量；第（3）个选题就局限在了高二学生身上；第（4）个选题则聚焦在某一小部分家长身上。选题的不同，就决定了文章的潜在读者受众到底有多少。

4.2　六个维度，分析选题是否具备爆点

什么是爆点？就是能够吸引读者的点。站在读者阅读习惯来看，爆点无外乎六个关键词：新鲜、反常、冲突、热点、痛点和深度。

4.2.1　新鲜

新鲜是指选题是新颖的，能给读者耳目一新的感觉，并能增加读者打开文章阅读的欲望。增强选题的新鲜感，可以使用以下三种方法：

一是求变化。很多经典的选题因为经常出现，导致读者对于这类文章

的期待值降低。对于经典选题类文章，如果要想让读者有新鲜感，就要在经典选题上求"变化"。

比如，《真正厉害的人，都懂得控制情绪》和《真正厉害的人，都会"负能量管理"》两篇文章，其核心思想都是一样的，负能量管理就是控制情绪，但前一个选题的文章因为已经多次出现，读者失去了新鲜感。这时，"负能量管理"因为是新词，就让选题有了变化，能给读者带来不同的新鲜感，进而提高文章的阅读率。

二是求创新。在选题上要大胆创新，敢于从新奇的角度，让读者耳目一新。比如，教养是一个经常出现的选题，我按时间顺序对这类选题的爆款文章进行了整理，大家可以看看其中的共性和不同。

（1）《真正的教养，是去包容跟你不一样的人》；

（2）《懂分寸，是最好的教养》；

（3）《真正的教养，是不让人难堪》；

（4）《深到骨子里的教养，是接纳别人的不完美》；

（5）《一个人深到骨子里的教养，是慎众》；

（6）《一个人顶级的教养，就是和颜悦色》。

依次对比以上选题的角度，我们发现每个写作者都在不断地求创新，而创新后的角度，赋予了选题新的活力。我们在策划选题时要跳开思维定式，选择从不同角度拟定选题，最后选出独特视角的选题，给人以新奇感。

三是制造陌生化。在熟悉的场景、熟悉的人、熟悉的观点中，加入陌生化的元素，可以形成反差，让读者觉得新鲜，进而迅速激发读者的好奇心。

> Tips：新媒体写作发展到现在，很多选题反复出现，这时策划选题就要多思考一层，把已经反复出现的选题过滤掉，再去思考新的选题或者新的角度，从而不断提高自己的选题能力。

比如，一位学员写的文章《2名清华博士生被劝退：在最好的位置上睡觉，毁掉的是自己的一生》，清华博士很多人会羡慕，但"清华博士被劝退"对于读者而言是陌生的，这就让读者产生了新鲜感。

4.2.2 反常

反常，就是与正常对立的，具有不符合人的认知，有意外、有反转、有反差，又或者有不一样的特点，能够激发读者的好奇心。比如，有一篇文章《雍正最爱的，不是甄嬛》，文章标题否定了因为《甄嬛传》热播大家形成的认知，通过反常来吸引读者的注意力；同时，还留下了悬念，没有告诉读者雍正最爱的到底是谁，让读者忍不住阅读文章一探究竟。

越是超越常规认知的观点，越能吸引读者的注意力，并激发读者的好奇心。所以，在策划选题时，一定要培养对反常点的观察力，尤其是多用逆向思维去思考，寻找反常的选题。

比如，《一个母亲的忏悔：我后悔把儿子养得太出色》一文与大家认知中"望子成龙"的父母形象是相反的，这就吸引了大家的关注。

一个出乎意料的，最后又论证合理的选题角度，不仅会颠覆读者的常规认知，提高文章的点击率，还能促进读者转发和分享，提高成为爆款文章的概率。

4.2.3 冲突

如果我们关注各个平台的热搜榜，就会发现一个现象：很多热搜事件都有很强的冲突性，比如直接的肢体和言语冲突、不同群体之间的冲突、感情冲突、观念之间的冲突等。这是因为读者都不喜欢平淡，所以冲突性越强的话题，越能吸引读者的注意。策划新媒体选题也要切忌"平淡是真"，努力挖掘有冲突的选题，进而吸引读者的注意。

比如，一位学员写的文章《对不起，我的善良很贵》，善良很贵与常识中大家对善良的认知是冲突的，可以吸引大家的注意力。

又比如，另一位学员写的文章《毛坦厂学子出征，家长夹道目送，我却在评论区看到1 000句嘲讽》，是建立在对于毛坦厂教育模式有不同看法的人群之上，通过直接的冲

> Tips：新媒体写作常说"无冲突，无爆款"，冲突是写作者从开始策划选题到文章结束都必须始终抓住的关键，一篇文章如果少了冲突，也就少了能吸引读者目光的抓手。

突来吸引读者阅读。

4.2.4　热点

热点，就是当下最被关注、讨论的话题，聚集了公众大量的注意力。对于读者而言，好奇心驱使他们想知道关于热点事件更快、更多、更深的信息，所以很多选题只要能搭上热点的快车，就能获得更好的阅读数据和传播效果。

在新媒体文章中，很常见的一种选题模式就是热点 + 观点。比如，文章《巴黎圣母院突发大火：最怕跑赢了时光，却弄丢了对方》，就是在巴黎圣母院大火登上热搜后发布的。热点给予了文章更多的关注与流量，阅读量也比平常要高很多。

与热点结合虽然是写作者必备的技能，但在策划选题时也要考虑这个热点是否值得追，如果自己深耕的领域并没有合适的选题，就不要为了蹭热点而蹭，否则就适得其反。同时，如果是事件本身还处于扑朔迷离的阶段，就要等一等或者放弃，千万不能为了抢占时间上的优势，而罔顾事实真相。

4.2.5　痛点

痛点是读者最需要解决的问题和困扰。这个问题和困扰如果不解决，会让读者产生恐惧或者焦虑，包括以下两个方面：

1. 工作生活中的痛点

工作生活中的痛点就是读者在日常工作生活中遇到的问题，包括技能上的差距、养育孩子等，需要有用的方法缓解心中的焦虑。比如《"妈妈，我想再玩 10 分钟"，这两种回答伤害孩子最深》。

这篇文章直击父母在带孩子的过程中经常遇到的问题。作者结合自己的经历，将痛点抛出来，让读者感同身受，继而给出自己的经验或者解决方案，对家长们来说很有实用价值。

你的方法越有用，读者就会越喜欢、越认同，转发文章、关注账号的可能性也会越高。持续输出这些解决刚需痛点的文章，粉丝对账号的黏性也会越高。类似的文章还有《购房时，你必须躲开的"五个"陷阱》等，都是针对特定读者提供内容价值的选题，其中的经验、知识点、方法等，都对读者有实际的帮助。

2.情感上的痛点

我们在前文讲过读者对情感的需要不同，比如，新手妈妈在刚生完孩子的时候，最怕的就是不被理解等，这种被看见、被理解的情感需要在女性心目中产生强烈的共鸣。比如，《唯有独处，能让你找到自己》《这一年，谢谢自己》等，这些文章的出发点就是能解决大家在情感上的痛点。

4.2.6　深度

当下碎片化阅读、浅阅读似乎成为常态，但随着时间的推移、内容的变化，那些靠猎奇吸引注意力，东拼西凑而成的文章，已经让读者厌倦。相较于以前，现在读者的阅读要求也在提高，他们更希望看到有深度、有价值、有启发的文章，深度的内容创作正成为新媒体写作发展的趋势。

比如，我和学员合写的文章《39人惨死英国冷冻车的背后，1 000万人正九死一生》，深度挖掘偷渡背后的产业链和危害，举证了大量的素材，得到了很多读者的认同，阅读量和涨粉数是平时的几倍。

其实，这就是你文章的价值超越了读者的认知，让读者看到了更深层次的东西。所以，日常写作者需要搜集并掌握更多的素材，来扩展知识面和信息量，这样才能进行全面、客观和有深度的思考。

> Tips：除了这6个维度外，选题还有加分项——IP价值。这里的IP包括名人、影视剧、图书等，因为这些IP，能提高读者对写作者的关注度。如名人随便发一条信息就会有很大的曝光量，而普通人却无人问津，因此有关于IP的人或者物的文章，能吸引更多的关注。

4.3　四点须知，切入角度决定了传播广度

从传播的角度看，一篇文章成为爆款有三步：读者打开意愿高→阅读

完成率高→分享意愿强，这样才能激活传播链条，不断形成新的传播。而在传播的过程中，切入角度发挥着重要作用。切入角度好，能提高文章的点击率、完读率和分享率。

4.3.1 载体越亮眼，吸引力越强

单纯地讲道理很难引起读者的注意力，因此很多时候，选题是以热点、人物、故事、名词等为载体来传递文章的主题思想，以增加文章的可读性和吸引力。

比如，《人生缘何不快乐，只因未读苏东坡》一文，是以苏东坡的人生经历和豁达心态，来阐述"无论走到人生哪个阶段，遇到什么事情，都要豁达面对"的核心思想。

又比如，文章《惊人的"京瓷定律"：你的思维层次，就是你的人生上限》就是以"京瓷定律"这个新名词来阐述思维层次。"京瓷定律"对于很多人来说是新鲜的，能更吸引读者的关注。

找准选题的载体后，在切入时就需要结合载体特性来阐述主题。不同的载体可以赋予选题不同的吸引力，以热点、名人为载体，带来的是关注度和流量；以新名词、故事素材等为载体，能激发读者的好奇心。载体越是"亮眼"，带给读者的吸引力就越强。

4.3.2 切口越小，共鸣越强

很多作者在投稿时会被编辑告知"文章太空了"，这是因为写作者把选题写"大"了，导致内容空洞、泛泛而谈，无法给读者留下太深的印象。其实，一篇新媒体文章的篇幅是有限的，很难对一个大的选题做详细的阐述，所以要以小见大，通过一个小切口把中心思想说清楚、分析透彻，继而打动读者、引发共鸣。

比如，对于选题"如何经营婚姻"，你要如何阐释？经营婚姻涉及的内容很多，包括夫妻间的交流、育儿、柴米油盐、经济、体谅、理解等，如果把这些内容都放在一篇文章里写，任何一个需要阐述的内容都只有一两百字的空间，若想阐述清楚、写得精彩，就特别难。这时，就要找一个

切口小的角度去论述。比如我的文章《男人的应酬里，藏着婚姻的幸福值》，就是从应酬这个小切口切入，然后阐释婚姻这个话题。角度切口小，而且读者熟悉，阅读理解起来就更加轻松，还能产生认知关联和具象化思考，最终引发读者强烈的共鸣。

4.3.3　角度越新奇，关注度越高

前文中，我们强调新鲜、反常、冲突等元素是爆点，那么在选题切入角度的选择上，就要把这些元素体现出来。

1. 对比反差，给读者冲击感

我写的第一篇被上百家公众号转发的文章《"跪着"的老师，教不出"站着"的学生》时，我自己就分析，为什么这篇文章能得到这么大的关注？

（1）对立双方：老师 VS 学生；

（2）对比反差：老师"跪着" VS 学生"站着"。

由此重新设计切入选题角度，最后与编辑一起敲定的选题为"跪着"的老师，教不出"站着"的学生，文章发表后被很多账号转载。

2. 新问题、新选题

随着社会的发展，出现了很多新现象、新情况，人们的思想认知也会出现变化。例如，之前，健康话题只是中老年人关注的话题，但随着年轻人不健康的生活方式盛行，很多呼吁年轻人重视健康的文章开始不断出现，比如，一位学员的文章《醒醒吧！对自己放纵，疾病离你真的很近》，就是从年轻人健康状况堪忧的角度出发，呼吁健康的重要性。

很多人说，一个平台有些选题为什么反复出现，每一篇依然都能成为爆款。具体有两方面原因：一方面，这些爆款选题背后，符合平台的调性和读者的阅读习惯；另一方面，很多选题的迭代，是因为有新现象、新情况出现。

3. 越是有趣，越是新鲜

新鲜和有趣经常出现在一起，为什么？因为一个笑话听了 100 遍之后，你也不会再觉得它有趣。有趣必然是新鲜的，而随着"90 后""00 后"成为

阅读的主力军，在策划选题时要更符合他们的阅读习惯。有趣的选题造就有趣的文章，在阅读的过程中，读者的心情也是愉悦的，自然也会对文章产生好感。

4.3.4 关联越强，转发欲望越高

根据社交属性，与读者关联度越强的内容，越容易得到读者的转发。所以，在确定切入角度时，要站在读者的角度考虑，与他们的关联强不强。

比如，《如果事与愿违，请相信一定另有安排》是经常出阅读量"10万+"爆款文章的选题，如图 4-2 所示。

图 4-2 文章截图

为什么这个选题经常出爆款？因为这个选题，几乎与我们每个人都有关系。我们虽然都有过努力，但努力不一定有结果，那结果就没有意义了吗？选题最后落脚到"人生没有白走的路，每一步都算数"。这样，文章就与我们每一个人相关联。

每当一个读者参与互动、转发时，就以这个读者为中心，形成了一个辐射的社交链，不停地往外扩散。而今日头条等平台，还基于算法进行推荐，将这些互动率高的优质文章推送给潜在地对内容感兴趣的读者。

4.4　五个错误，确立选题时要避开的误区

写作者在写作初期，很容易在确立选题时犯错，而选题错误就意味着方向错误，后面的努力就白费了。这里总结了新手写作者容易犯的 5 种错误，在写作中要特别注意。

4.4.1　老生常谈

人都有审美疲劳的时候，特别是新媒体发展到现在，很多选题会经常出现，特别是一个热点出现后，大家经常会从类似的角度切入，以致读者一看到标题，就知道写作者写的是什么，自然也就不会点开文章了。

现在的新媒体平台都是基于关键词进行流量推荐，在读者第一次看到被推荐的感兴趣的文章时，会点击阅读，而在第二次、第三次看到时，兴趣就会逐渐降低，到最后失去了对此类选题的兴趣。对应体现出来的点击阅读率、完读率、互动率、转发率都会逐渐降低，自然不可能继续被推荐，也失去了成为爆款文章的机会。

4.4.2　过于自我表达

写作是一种自我表达，而新媒体写作是在自我表达与读者需求之间寻求交集，但很多新手写作者在确定选题时只注重前者，却忽略了后者。过于自我表达，忽视读者的需求，读者很难产生兴趣。很多写作者经常抱怨自己账号的涨粉数、浏览量少，但一看他们的内容却都是类似于朋友圈的生活记录。换位思考，你会对一个不相干的人的生活记录感兴趣吗？显然感兴趣的概率很低。

4.4.3　三观不正

站在读者的角度去思考选题，并不意味着一味迎合读者，而是要引导读者，建立一种正确的价值取向。写作最忌讳的就是三观不正，为了阅读数据刻意地博眼球。比如，有些热点事件发生后，往往因为信息的不全面，与事实有较大出入。如果这时你的选题就建立在不充分的信息上，文章很

容易走偏，最后随着事件的反转，不仅颠覆了之前的观点，有可能还会触碰法律底线。又比如，类似于《农村男，都是凤凰男》《家务，就是女人的价值》等文章，本质上是哗众取宠，让更多人反感。

4.4.4　讲大道理

叶圣陶说："文章是写给他人看的，写的时候心目中就需顾到读者，既然顾到读者，人人知道的事物和道理就不必写。"新媒体写作更是如此，越是人人知道的大道理，越不要写。因为人人都知道的大道理，大家从书本上、从父母的嘴里听过很多次了，何必听你再讲一次。

比如，《孩子，你要好好学习》和《孩子，你讨厌的现在，是我回不去的过往》两篇文章，你更愿意点开那篇？肯定是后面这篇，因为前面这篇文章的观点，读者人人都知道，人人都赞同，同样也在读者的既有认知中，自然难以勾起阅读兴趣。但后面这个，却从一个鲜活的角度让读者产生好奇。

4.4.5　标题党

什么是标题党？就是写了一个极度夸张的标题，来吸引读者的点击率，例如，速看、紧急、震惊……但读者点开后，却发现文不对题，内容与标题根本没有太大的关系。这一类文章让读者的阅读体验极差，自然也会对作者和账号产生厌恶的情绪。所以，我们在写作时，一定要做到文题相符。

总之，选题是写作的第一步，也决定着文章的方向，我们要特别重视。除了在写作中锻炼挖掘选题的能力外，还要建立自己的爆款文章选题库，通过学习和拆解爆款文章选题来逐步提高自己确立选题的能力。

第 5 章
你距离"10 万 +"，只差一个热点

新媒体文章类型虽然有很多种划分方式，但在编辑眼里只有两种，一种是热点选题，另一种是非热点选题。其中，热点选题能优先得到编辑的审核和录用。因为热点意味着关注度和流量，越早推送，越能占领传播的制高点。对比之下，非热点选题，没有发文的时限要求，编辑在审稿时要求就会更高。

在同一个账号中，热点选题的数据往往优于非热点选题。新手写作者也可以关注"新榜排行榜"等相关数据分析平台，看每天的爆文排行，就能明白热点的重要性。

5.1 掌握热点四个阶段，才能对症下药

热点具有时效性和生命周期，从发酵到爆发，再到渐渐地冷却，每个阶段都很快。在不同的阶段，读者想看到的信息也是不一样的。在追热点时，写作者首先要知道热点处在哪个阶段，才能有的放矢地寻找合适选题。热点生命周期示意如图 5-1 所示。

5.1.1 发酵和爆发阶段

这个阶段，热点还没有被很多人关注，但因为其自带的强话题性，使得很多看到热点的人都不由自主地成为热点的关注者和传播者。如果写作者在这个阶段发现了热点，最重要的就是"拼手速"，越早发布的文章，越容易获得更多的流量。我有很多次都是在夜里从床上爬起来写稿，编辑

也同步在线，给我提供素材和修改意见，彼此都知道，赢了时间，也就赢得了流量。

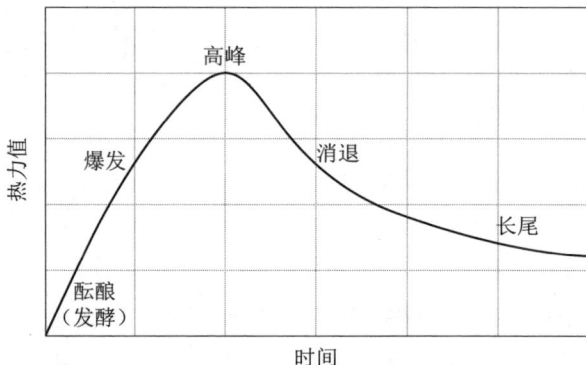

图 5-1　热点生命周期示意

在热点发酵和爆发阶段，越早追上热点的人就是吃到热点"螃蟹"的人，如果两个小时还无法成文，一般就会错过爆发期，就要把目光放到下一阶段。

Tips：对于酝酿期热点的判断，我们可以从自身感受出发去分析要素，如是否戳中痛点，让自己感同身受；是否触发强烈的情绪，让自己愤怒、惊奇或者兴奋；是否有名人背书，更能引起关注；是否具有争议点，让人愿意加入讨论。

5.1.2　热议和高峰阶段

这个阶段，热点到达了生命周期的高峰，各种与热点有关的文章都开始集中出现。读者已经对热点事件的细节很了解，信息趋于饱和。这时，热点事件本身已经没有多大的吸引力，大家更多的是好奇热点背后的深层次原因、与热点关联的人和事，并可以提出自己的观点，与别人进行讨论。

这个阶段写文章，要突出深度和观点。例如，在高考成绩公布后，大家都会专注最高分是多少、状元是谁？但紧接着，会对高分考生的家庭背景、学习经历、经验方法等

Tips：在这个阶段，缺乏深度、仓促而就的文章不仅无法享受到热点的流量，还会因为同类文章大量出现，导致自己的文章失去一部分流量与关注。

产生兴趣，这时就要从不同角度来提出观点，给读者以思考。一位学员的文章《高考状元身份公布，揭示一个扎心真相：父母的样子，决定孩子的未来》就是从优秀考生的成长出发，提出观点"父母的样子，决定孩子的未来"，最后的阅读浏览量是平时文章的 10 多倍。

5.1.3　泛滥和消退阶段

这个阶段，热点文章已经开始泛滥，很多读者对热点文章已经不那么关注，甚至产生反感，事件的热度开始消退。这个时候追热点，从常规的角度切入已经无法打动读者，如果要追就要讲区别、求新意，从全新的角度切入，角度越新奇，关注度越高。

讲区别、求新意，首先就是把关于热点已有的选题进行收集，在依次筛选这些"选题"的过程中，综合运用发散、逆向等思维去寻找新的角度。比如，电视剧《都挺好》大结局后，很多文章都是从家庭亲情等角度展开，但在大结局的第 6 天，一位学员从全新的角度写出文章《都挺好大结局第 6 天，姚晨一句话让人泪奔：人到中年，不出众，就出局》，该文章很快成为一篇"10 万 +"爆文。

> Tips：对于新手写作者来说，很难与成熟的账号"拼手速"，因为对方有专业的写作团队和成熟的写作经验。所以，追热点最聪明的方法不是拼手速，而是在第一阶段时，就瞄准第二阶段、第三阶段来提前策划选题，以更多的时间来思考更有深度和新鲜感的选题，提高写出爆款文章的可能性。

5.1.4　长尾阶段

这个阶段，其实热度已经过去，但并不意味着热点的价值消失。热点带有爆点性质的新动向，甚至可以成为新的"刷屏级"爆款文章。

比如，曾经的贵州孝子背娘上

> Tips：热点的四个阶段，都蕴含着大量的选题。对于写作者而言，一定要养成关注热点榜单的习惯，如微博热榜、知乎热榜、抖音热榜、头条热榜、微信热点和百家热榜等，越早发现热点，越能有充分的时间思考选题并展开文章写作。

学曾轰动一时，后来他又放弃了 55 万年薪回到家乡教书育人。他的故事和人生经历，总是能感动很多人，也激励很多人。而他个人的一些最新动态，都能重新让人回忆起这个热点，从而成为爆款文章的选题。

5.2 掌握精策划选题的六种方式，使文章成为热点爆文

5.2.1 推陈出新：两小时成文、四位数稿费背后的秘密

两小时写出一篇热点文章，获得四位数的稿费，在我的训练营中很多学员都做到过。为什么能够在这么短的时间内成文？关键就在于四个字"推陈出新"，即对曾经出现过的爆款选题进行继承，吸取其精华，并结合新的热点进行创新，最终成为一篇新的优质文章。

1.推陈

每次热点事件爆发后，我们总能在朋友圈看到许多似曾相识的文章，其实是爆款选题结合新热点的再次出现。比如关于"离别"话题的热点事件出现后，选题"人生来来往往，哪有来日方长"出现的频次就很高。

结合热点事件重新演绎爆款选题是很多头部账号的编辑和成熟作者的选题思路；而作为新手写作者，要通过多阅读、多拆解、多收集，逐步提高对爆款选题的敏感度。特别是每次热点事件后，要有意识地搜集与热点关联的爆款文章。这样，既可以学习别人是如何策划选题的，又可以在下一次有类似热点出现时，触类旁通，迅速找到选题。

比如，一位学员的文章《4 000 万外国网友，点赞中国好爷爷：这世上最爱孩子的人，或许不是妈妈》，在选题思路上借鉴了我的文章《暖哭朋友圈的瞬间：这世上最爱孩子的人，或许不是妈妈》，当然这篇文章也有其他人借鉴过（见图 5-2）。

只有迅速确定选题，才能尽早厘清写作思路，缩短成文时间，抢占发文时间的优势。而新手作者担心自己的写作速度，辛苦写作半天，最后成文时，热点的热度也过去了，白白浪费精力。其实，这种担心是多余的，

因为你的文章可以在类似热点事件再次出现时抢得先机。我有很多学员就是在类似热点出现时，把写好的文章结合新热点迅速修改并投稿，最后上稿头部账号。

图 5-2 选题"推陈"

2. 出新

推陈是基础，出新则是关键。"年年岁岁花相似，岁岁年年人不同"，类似的热点事件在细节上也有差异性。捕捉到两件事之间的差异，从变化中求新意，经过精妙构思，就能成为爆款选题。

比如，一篇关于"成年人的崩溃"的文章就很有代表性。因为在这个热点发生的前不久，恰好有一个逆行小伙刷爆朋友圈的事件，当时很多爆文以"成年人的崩溃，都悄无声息"作为切入点。

因为两个热点间隔太近，因此以"成年人的崩溃，都悄无声息"为选题的文章都没有成为爆文。而学员在整理素材的过程中，发现了这个热点与众不同的地方，最后写出了这篇爆款文章。两个热点事件核心要素的对比如表 5-1 所示。

通过分析不难发现，对类似的热点事件进行整理，细节上会呈现很大的差异性，这种差异性也为写作者在原有选题上出新奠定了基础。

> Tips：在热点出现后，往往很多选题近似的文章会扎堆发布，读者慢慢就失去了新鲜感，不愿意再点击。作为写作者，需要把推陈作为基础，把出新作为关键，持续给读者提供新鲜感。而要出新，就一定要多掌握素材和细节，只有掌握足够的素材和细节，才能找到差异性，找到出新的方向。

表5-1　从选题差异化看"出新"

热点	《杭州小伙骑车逆行被拦后情绪崩溃》	《西装男子地铁痛哭：成年人的崩溃，都是从缺钱开始的》
事件细节	加班到十一二点，女朋友没带钥匙让他去送钥匙，他却因为着急选择骑车逆行而被交警拦住。两边都在催，两边都要解释，一瞬间崩溃	和老婆来南京打工几年，为了签单，天天陪客户喝酒，喝出了胃穿孔，依旧奔波不停，却依然没有等到签成的消息； 男子对赶来的妻子说："宝宝，对不起，我真没用，我对不起你！"
崩溃原因	压力大导致的崩溃	对家人愧疚导致的崩溃
相似性	选题定在成年人的崩溃上	选题定在成年人的崩溃上
差异性	成年人的崩溃，是因为压力太大，有一天再也绷不住，悄无声息地爆发	成年人的崩溃，都是从缺钱开始的，因为挣不到钱，所以无法给家人好的保护，愧疚下自责地痛哭

5.2.2　热点人物：爆文选题的焦点

每个热点都有与之关联的人物，这些人物就是热点人物。把选题聚焦到人，通过深挖热点人物的细节，既可以满足读者"想知道更多、更深"的好奇心理，又可以通过个体的详细故事，给读者以深刻的启迪。

要注意的是，热点出现后，很多人都围绕热点事件中与人物有关的细节来写，导致短时间内同质化文章泛滥，影响文章的阅读量和传播率。因此，写热点人物时可以采取以下两种方法。

1.跳出热点看人物

热点是引子，赋予了热点人物天然的流量，巨大的关注度下读者会对他的人生经历产生浓厚的兴趣。在写人物稿时，写作者要利用读者想知道更多的心理，不仅关注热点，而且要跳出热点深度挖掘热点人物的人生经历，将文章写得更有深度。

跳出热点看人物，关键是看他人生经历中的细节。越是大家不知道的细节，越能引发大家的兴趣；越是有冲突、有矛盾的细节，越能引发读者共鸣；越是详细的细节，越能以小见大，展现一个人的特质。

> Tips：跳出热点看人物，可以运用前文所讲的搜索技巧，大大提高搜索效率。

有了素材，就有了选题。比如，电影《流浪地球》上映后，有学员就写了一篇人物文章，这篇文章就是从吴京出演《流浪地球》这件事开始写，深挖了吴京从小习武、参加抗震救灾、与妻子相处等细节，得到了很多读者的点赞。有的读者留言（见图5-3）：

喜欢吴京，写吴京文章里最好的一篇。

图5-3　读者留言

2. 寻找热点人物的关联人

这种确立选题的方法是刻意避开主角，写与主角相关联的人物。选题思路依然是借助热点人物的关注度，以新的信息增量来激发读者的好奇心，进而点击阅读文章。例如，某电影或者电视剧爆火后，很多人物稿就会应运而生。但分析一下这些人物稿，既有剧中人物的原型，也有影视剧导演或者主演，还有这些热点人物的关联人，比如说老师——以师徒关系切入，家人——以亲情角度切入等。

这种确立选题的方法也是"蹭"热度，而且细节选取得越丰富、越具有代表性，就越能把一个人物写活。

比如，电视剧《山河月明》热播时，朱元璋的热度很高，我的一位学员就写了一篇关于朱元璋的微头条，在写作时他脱离剧中的人物关系，写了关于朱元璋和朱升之间的故事（见图5-4）。

> Tips：热点人物选题一般比观点文更具深度，因为它是用整篇文章来写一个人，可以展现更多的细节，带给读者更细腻、更有深度的阅读体验。

图 5-4　与热点人物的关联的人的文章示意

5.2.3　高赞评论，打开选题的天窗

我经常对训练营的学员强调，如果一个写作者不会看评论，不会从评论中寻找选题，不会把评论巧妙地运用到文章中，就不是一个合格的新媒体写作者。

特别是热点事件的高赞评论，包括知乎的高赞回答，往往能打开我们确立选题的天窗。

1. 评论区是读者需求的聚集区

写作要以读者需求为出发点，而评论区就是读者强烈需求的聚集地。在这里，读者会表达对热点事件的立场和观点，也会流露出他们的情绪。写作前分析读者需求，没有比评论区更好和更直观的地方。

图 5-5 为微博的一个热搜，在评论区中我们能看到，很多人都在说自己睡眠严重不足、睡不够，这就是读者的需求。尤其是排名靠前的高赞评论，意味着这条评论表达的观点和立场得到大量读者的认同，也能从中看出多数读者的情绪是什么。从高赞评论中归纳观点，写出的文章就会让读者有强烈的情感共鸣。

其实，关于"好好睡觉"有很多爆款文章，比如《性价比最高

的养生方式：好好睡觉》《好好睡觉，才是头等大事》，如图 5-6
所示。

图 5-5　高赞评论图　　　　图 5-6　以往爆款文章

我们结合评论区的读者需求和"推陈出新"，选题是不是呼之欲出，
比如"好好睡觉，才是头等大事""最好的养生方式是，好好睡觉""好
好睡觉，你就赢了"。

2. 评论区是选题灵感的源泉

每个人的知识储备、思考力、精力都是有限的，因此在思考选题时也
很难做到面面俱到。在思考选题遇到"瓶颈"时，就多去看看评论，因为
很多人把自己的看法和观点放到了评论区。不同的人对热点的看法不尽相
同，我们可以从评论中寻找那些自己想不到，又让人眼前一亮的评论作为
选题。

比如，学员的文章《630 分学霸因军训苦欲退学，武亦姝发文：前半
生不吃苦，后半生全是苦》发表后被很多头部账号转载。其实，这个热点
是一个老生常谈的话题"要好好学习"，但她的选题角度十分巧妙。后来
我得知，这个选题的灵感来源于网友的一条评论：

军训本是提升身体素养的举措，如果因这点困难而退缩，未来的苦难
将如何抵御？

每个热点事件都是因为有大量的读者参与评论、点赞和转发，才登上
微博热搜、知乎热搜等榜单。站在写作者的角度看，这些评论是大家在各
抒己见，其中必然有让人眼前一亮的优质观点，找到这些观点也就找到了
选题。

图 5-7 这个热点新闻是关于国际幸福日的，评论的留言都可以作为选题点来思考，比如"好好生活就是美好生活"，可以转化为选题：所谓幸福，就是好好生活。

图 5-7　评论中提炼选题

又比如"幸福很简单，对自己好一点，对家人好一点"，我们再增加一个人，可以转化为选题：让自己幸福的三个人（自己、家人、身边人）。

> Tips: 对新手写作者来说，在策划选题时最大的问题就是思路窄，很难想到优质的、新颖的选题，所以更要借助评论区这个灵感源泉。

3. 始终保持正能量

在热点事件的评论区，除了高赞评论外，我们会发现还有很多三观不正的人，他们的评论往往会被群起而攻之。对于这种博眼球的评论，我们一定要站在正确的立场上，旗帜鲜明地批驳，进而传递正能量。

> Tips: 俄国作家屠格涅夫说："谁要是写出全部细节——那就失败了，必须把握一些有代表性的细节。"在写作中，我们要注意根据自己的写作领域寻找具有代表性的细节，有针对性地策划选题，千万不要胡子眉毛一把抓，最后什么都抓不到。

比如，我曾经看到一个志愿者捐献了自己的长发，这本是一件很温暖的故事，却有人在评论区质疑这位志愿者在作秀。这种评论让很多读者觉得很生气，我也站在批驳的立场上，找到了我的选题观点：这世上最温柔的爱，就是力所能及的善良。

其实，广大读者心中向往的是美好的事物，赞同的是社会的公序良俗。作为新媒体写作者，从选题之初就要守牢底线，用自己的文章挖掘和弘扬积极向上的价值观。

5.2.4　挖掘细节——细节找对了，爆文选题就出来了

很多写作者投稿后，往往会得到编辑这样的反馈："文章太空了，需要填充事件细节。"为什么细节这么重要？因为细节是点亮文章的眼睛，是塑造人物、展现事件发展、达到典型化的重要手段。同样，要想让文章达到典型化的目的，就要从选题开始挖掘细节。

1. 不同的细节对应着不同的选题

一个热点事件或者一个热点人物，蕴含的细节是丰富的，如果全部描写出来，不仅在篇幅上不允许，也会弱化观点的深度。对于新媒体写作而言，不求面面俱到，只需要抓住其中某一个关键的细节点，并对其进行针对性的分析，提炼出具有典型意义的选题。

不同的细节有不同的属性，一个素材可以通过挖掘不同的细节呈现出不同的选题方向。比如，电视剧《都挺好》热播时，有的结合"受到原生家庭伤害的苏明玉，表现出的种种心理创伤"的细节，提炼出选题"真正的强大不是原谅别人，而是放过自己"；有的结合"被溺爱的苏明成一事无成"的细节，提炼出选题"世界正在惩罚溺爱孩子的父母"。

很多时候不是没有选题，而是我们缺乏了发现细节的眼睛，所以既要全面地搜集素材，也要细心地发现那些具备爆点元素的素材，进而对应地提炼出不同的选题。

2. 根据不同的领域寻找不同的细节

在前文，我们列举了不同的领域，而在爆款文章的迭代中，亲子类文章、垂直类文章的生命周期要比文史和情感类文章要更长。在写作中，我们可以有的放矢地针对不同领域来策划选题，而核心就是有针对性地寻找细节。

每个账号的定位是不同的，如果想要结合"热点"，就需要去找与账号领域相关的细节。以电视剧《人世间》为例，关于情感类选题，就要从

夫妻或者父子等相处的细节出发；关于亲子类选题，就要从养育的细节出发；关于职场类选题，就要从周秉义等角色做人做事的细节出发，并有针对性地去寻找和确立选题。

3.挖掘热点细节，整合成选题

在"拼手速"的过程中，除了推陈出新外，还有一个方法，就是挖掘热点细节，然后整合成文章。但对于整合梳理，很考验写作者发现和提炼细节的能力。比如，对某一事件的发生，可以按照事情爆发的时间轴进行梳理，并在部分地方加上自己的评论。

这种写法的关键在于细节，通过发现一个个细节来满足读者的好奇心，并在更深层次展现出热点的全貌。在整合梳理细节的过程中，一篇文章的轮廓就有了。

5.2.5 踩准节拍：每一个热点，都有一个爆发点

每一个迅速发酵起来的热点背后，都必然是触动了大家的某个情绪点、联系了大家的某个情感点或者引爆了大家的某个共鸣点。作为写作者，必须要找到这些爆发点，以此来策划、确定选题。

1.触动情绪点

每一个热搜下面的评论中，我们都能感知到读者的情绪，有愤怒的、有欣喜的、有悲伤的……不同的热点有不同的情绪点。比如，某一个名人突然发布了结婚的婚讯，关注该名人的人群一看到这个信息，就会有好奇的心理，迫不及待地想知道背后的故事。

首先要感知到这些情绪，进而有针对性地思考选题。比如，巴黎圣母院发生大火后，大家在惊讶之余会有一种遗憾、惋惜和痛心，有网友发表的评论："人在巴黎快一年了，每次路过都会觉得什么时候登上去看都不迟，今天它终于成了永远的遗憾。"从这种情绪出发，我的一个学员思考出了选题"珍惜当下，不要等"，最后写出文章《巴黎圣母院突发大火：最怕跑赢了时光，却弄丢了对方》。

感知这些情绪思考的选题成文后，能够触动读者的情绪点，而读者的

情绪被触动后，就会通过互动或者转发文章来表达自己的情绪。

比如，一名学员在国家公祭日时，写了一篇关于南京大屠杀幸存者的微头条，就是点燃大家的情绪点，激起爱国主义情怀，最后获得了上千万展现推荐。

对于热点事件，我们一定要留意读者情绪，只有能与读者共情，文章才有传播的基础。如果你站在读者的情绪对立面，文章就很难得到认同。

2. 联系情感点

联系情绪爆点的同时，还有一部分情绪是与人的情感相连接的。人的情感有三种：爱情、亲情、友情。爱情是陪伴你生活的感情，是人最向往，也是最感动、最柔软的感情；亲情是带有血缘关系的感情，是最温暖的、最让你感恩的感情；而一段好的友情，是在你最低落、最难过时可以让你感觉到温暖的感情，如图 5-8 所示。

这三种情感是人类永恒的，也常常能引发大家的感动与共鸣，比如关于爱情，热点文有《普吉岛翻船瞬间，他把生的机会留给了未婚妻，看完又相信爱情了》《四川突发 6 级地震："灾难到来的那一刻，我才知道他有多爱我！"》；关于友情，热点文有《"大湾区哥哥"翻红，我看到了友情最好的模样》。

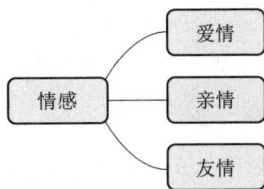

图 5-8　三种最常见的情感

学员写的一篇文章《高考季，陪考的父母暖爆了朋友圈：这个世界上，总有人疼你如初、爱你入骨》，就是采用热点 + 情感的方式来创作的。

3. 引爆共鸣点

痛点往往是带有群体性质的，所以戳中群体痛点的文章或者语句，就会引发群体共鸣，从而进行传播。比如说，成年人的不容易能引发成年人的共鸣，而孩子的不容易能引起父母的共鸣，但是妈妈的委屈，有时候爸爸们是感受不到的。

因此，要针对不同群体的特点策划选题，而群体又可以从年龄、性别、职业、地域等方面进行划分。

一个群体的成员具有共同的特性，成员对群体也有一种认同感。因此，以群体共鸣点为出发点的选题，在写文章时就需要围绕群体特性来组织素材，通过丰富的素材细节一点一点地引爆读者内心强烈的共鸣感。

5.2.6 逆向思考：刷屏级爆文，都是逆向思维的产物

熟知的选题总是没有多少吸引力，反常才是吸引点，而要达到反常的目的，逆向思考是最好的方法。所谓逆向思考，就是先否定已经出现过或者大家都能想到的选题，再从反方向来思考，打破常态、出奇出新，从而策划出不一样的优质选题。

1. 否定自己

关于新媒体写作，有句话相信很多人都听过"把自己能想到的前 3 个角度先删掉，再去重新思考"。为什么要删掉？是因为我们最先想到的选题，往往是大家都能想到的角度，只有打破这些常规角度的桎梏，才能让选题有新的活力。

2018 年，一个教师的辞职信引发了热议。事情的起因是，这位教师将默写的古诗成绩公布在班级群，被家长质疑"会伤害孩子的内心"。对于这件事，网友们讨论得很激烈。因为我之前写过爆款文章《"跪着"的老师，教不出"站着"的学生》，所以第一时间想到的也是这个角度。

但我担心大家都一窝蜂地从这个角度写，于是在对素材进行分析后，我发现了另外一个选题角度，从"孩子为什么这么脆弱？为什么会被默写古诗的成绩伤害？"出发进行解题，形成了一个新的选题角度，最后写成文章《×× 教师事件：年少不懂严师情，懂时我已不年轻》。整个选题的过程就是先否定常规选题，再思考新的选题，如表 5-2 所示。

无论是什么选题，都是从素材中思考得来的。前文讲过，不同的细节对应不同的选题。但即便是同样的细节，我们变换思考问题的角度，也能思考出不同的选题。

表 5-2　先否定再思考新的选题

文章	《"跪着"的老师，教不出"站着"的学生》	《××教师事件：年少不懂严师情，懂时我已不年轻》
素材	在一个重点中学里，有这样一个女生，从不学习，到处与人谈恋爱，成绩一落千丈。 　　学校应该怎么办？请家长，还是开除？ 　　答案是把她的座位从第一排调整到最后一排，然后听之任之。 　　老师拿她没办法，只能在网络上抱怨。不能惩罚、不能管教、不能开除……	老师将学生默写古诗的成绩照片发到了家长群，却让部分家长不满。这些家长认为当事孩子内心受到了伤害，愤怒地要求这位老师登门道歉；否则，就告到教育局去。 　　不堪重压的老师，选择了辞职。 　　…… 　　如果细想，还有什么是老师可以做的？批改作业时，被判错的同学想不开怎么办；课堂提问时，被提问的同学不会怎么办
借鉴经典选题	孩子犯了错，老师不敢管，学生就会越来越猖狂，最后在犯错甚至犯罪的道路上越走越远	公布默写古诗的成绩，孩子会受伤害。那么孩子犯了错误，老师批评，也会受伤害。所以，老师就什么都不能管吗
否定后重新思考选题		公布古诗默写成绩，有的家长认为孩子会受伤害，所以指责老师。那么课堂提问不会答的同学，是否也会受到伤害。所以，老师什么都不能管。孩子没有了被伤害的可能，但同时承受能力也会越来越差，变成一碰就碎的玻璃心
论据	论据 1：中国青少年犯罪研究会的统计资料令人震惊 论据 2：……	论据 1：根据北京大学儿童青少年卫生研究所的调查数据…… 论据 2：……

2. 逆向思考

逆向思考，就是对于既有爆款选题的质疑，并从相反的角度进行思考，提出完全不同的选题。

比如，电视剧《三生三世十里桃花》热播时，剧中的夜华得到很多人的喜欢，于是就说嫁人就要嫁给夜华。这时，一篇文章《为什么我说"夜华"不值得嫁》突围而出，成为"10 万 +"爆文。不久后，一篇从相反的角度来写的文章《为什么嫁给夜华，比嫁给东华更幸福？》，同样获得了很好的阅读量。类似的文章还有《雍正最爱的，不是甄嬛》《情人节分手率更高》等，都是从相反的方向写，成为爆款文章。

逆向思考打破读者的既有认知，提出反向的观点，引发阅读的兴趣。但逆向思考的选题，也必须有严密的逻辑论证以及素材支撑，这样写出的文章才具备说服力。

3."生拉硬拽"

"生拉硬拽"，就是把两个不相关，甚至是相反的要素组合在一起，形成反差类的选题。比如作家刘娜写了一篇文章《26岁，打工攒钱10年，我入住毛坯房》，这里面26岁与打工10年、攒钱10年与毛坯房都是一种硬组合，在我们的认知中，它们是很难联系起来的素材。因为其新颖独特，达到吸睛的效果。

当从热点中提炼要素时，可以通过再组合一个相反或者不相干的关键词，尝试架构选题。比如，网易新闻在春节期间推出的一篇文章《春节，我爱上了一个不回家的人》，就打破了春节关于团圆的主题设定，通过"不回家"与大家固有认知中的"回家过年"相互对立，制造了一种强烈的反差感。

> Tips：以上6种策划选题的方式不是孤立存在的，经常是这6种方法的综合运用。比如，既要挖掘细节，又要踩中节拍。而要提高选题能力，就要善于积累、勤于观察和不断思考。对于一个写作者而言，大脑中感应选题的开关要随时打开，我习惯带一个小本子，在看到一个热点事件有了灵感或者想法时，即便自己没时间写，都会随时记录下来。等到一系列关于热点文章发布后，我就会去复盘：哪些选题角度我想到了，哪些是我没想到的。对于那些没想到的选题，写作者是如何思考出来的？好在哪里？这个过程就是一个观察、积累与思考选题的过程。

用生拉硬拽的方式思考选题的优点：第一，打破读者的思维认知。通过一个"反常"的、具备冲突感的组合，吸引读者的注意力；第二，从一个让人想不到的组合出发，可以从头到尾给大家带来新鲜感，完读率会更高。

第 6 章
不追热点，也能篇篇 "10 万 +"

热点文虽然有天然的流量优势，但很多时候大家因为家庭、工作等原因，来不及追热点。遇到这种情况也不用担心，因为非热点文同样有广阔的市场。一方面，很多新媒体账号拥有了固定的粉丝群体，符合账号定位的非热点文也能有很好的阅读量。另一方面，今日头条、百家号等平台都是基于大数据推荐算法进行的内容推荐。在这种推荐机制下，优质的非热点文也能成为 "10 万 +"、"100 万 +" 的爆款文。

策划非热点文选题，有如下五种方法。

6.1 经典翻新：编辑最爱的选题方式

我有一个学员在成为某账号的签约作者后，经常接到编辑的约稿，他发现这些约稿的选题都是之前账号曾经出现过的，而且之前数据越好，被再次约稿的概率就越高。其实，这就是对优质爆款选题进行再翻新，也就是二次创新。

为什么要 "二次创新"？因为账号的粉丝群体一般是稳定的，他们的情感需求、阅读习惯和关注的话题也是稳定的。对他们喜欢的选题进行再创新，形成的新选题依然会被粉丝群体认同，进而获得很好的阅读数据。

每一个账号都有反复出现的经典爆款选题，比如，以 "不想工作" 作为关键词，在十点读书、洞见、有书等读书类头部账号进行搜索，会出现很多篇 "10 万 +" 文章，如图 6-1 所示。

从图中我们可以看出，关于 "不想工作" "不想上班" 的选题是多个

图 6-1　同类爆款文一览

账号的优质选题，每隔一段时间就会发布类似选题的文章。这一类选题，实质针对的是很多人因为工作、学习等不顺而表现出沮丧情绪，通过文章排解读者的这种情绪，进而阐述奋斗的意义，倡导积极的价值导向。

不同的账号都有自己反复出现的优质选题，抓住这个必然的规律，写作者就可以未雨绸缪地策划选题。特别是新人写作者，从零开始到上稿一个大的账号，最省力的方法，就是分析目标账号的历史文章，把其中阅读数很好的、反复出现的文章进行整理，然后有针对性地进行选题创新，具体可采用以下 4 种方法。

6.1.1　换说法

所谓换说法，就是换一种说法或者用词，但选题的核心思想保持不变。经典选题换了说法后，如同改头换面，让人感到耳目一新。比如，"不与人争辩"是一个经常出现的爆款选题，相关的"10 万 +"文章有《学会不与人争辩，你就赢了》《不争辩，是成年人最大的自律》《庄子：永远不要和层次不同的人争辩》等，但随着时间的推移，这类文章出现的频次增高，读者点击欲望就会降低。一段时间后，新的文章《位置不同，不必解释（深度好文）》又让读者很快产生了阅读兴趣。其实，这篇文章的核心思想依旧是"不与人争辩"，但是把"不争辩"换成"不解释"，增加了读者的新鲜感。

又比如，《半（深度好文）》《满（深度好文）》《守（深度好文）》等"深度好文"系列类文章，也是对经典选题进行新的演绎。这种演绎，就是在含义大致不变的情况下，用语言进行重新组织，最后形成新的文章。以文章《守（深度好文）》为例，围绕主题"守"，写作者分了四个层次，如图 6-2 所示。

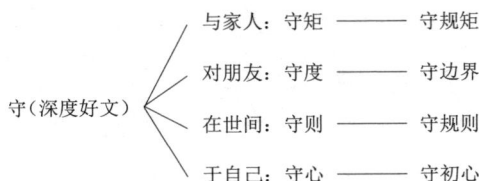

与家人：守矩 —— 守规矩

对朋友：守度 —— 守边界

守（深度好文）

在世间：守则 —— 守规则

于自己：守心 —— 守初心

图 6-2　"换说法"层次示意

守规矩、守边界、守规则、守初心是经常出现的爆款选题，但文章《守（深度好文）》中围绕"守"字又做了重新演绎，用自己的语言将其中的观点做了替换，核心意思仍然是不变的。

Tips：汉语博大精深，即便是同一个观点，也可以有不同的表述方式，再配合上不同的素材带来的差异性，就是一种很好的二次创新。

6.1.2　归类集合与拆分

归类集合就是把具有相似性的选题集合在一起形成新的选题。比如，刚才讲的文章《守（深度好文）》就是把关于"守"的经典选题集合在一起，提炼相似性，形成新的选题。又比如，学员的文章《这三种朋友，值得你深交一辈子》中，就是集合了三个关于交友的经典选题，如图 6-3 所示。

敢对你说真话的人

这三种朋友，
值得你深交一辈子

愿意借钱给你的人

引领你积极向上的人

图 6-3　"归类集合与拆分"示意

通过归类集合策划出的文章，在写作中将分论点围绕中心思想依次展开，就构成了一篇文章的基本结构。同样地，我们逆向思考，也可以将一个选题反向拆分成几个具有相似性选题的文章。比如刚才的文章《这三种朋友，值得你深交一辈子》，也可以反向拆分成"敢对你说真话的人，值得你深交一辈子""愿意借钱给你的人，值得你深交一辈子""引领你积极向上的人，值得你深交一辈子"三个选题。

6.1.3　思路模仿

思路模仿是对爆款文章选题思路进行分析、总结出其成为爆款的本质规律，并在这个基础上进行模仿，策划出新的选题。比如，《好的感情，一定要谈钱》成为爆款文章后，又有很多相似的文章出现。这些爆款文章的选题思路是，通过谈钱与"感情"等产生联系来增强读者的好奇心。

抓住选题爆款背后的本质，通过置换关键词来策划新选题，比如，从《半（深度好文）》《满（深度好文）》《守（深度好文）》等一个字的深度好文类文章，扩展到《平视（深度好文）》《放低自己（深度好文）》等两个字、4 个字的深度好文类文章，就是在模仿已有的爆款选题思路。

随着新媒体的发展，选题也在不停地创新，不断有打破常见模式的新选题出现。紧跟这些优质选题的策划思路，才能跟上新媒体发展的步伐。

6.1.4　载体变换

前文讲的很多选题都是由一件事、一个人来承载的，因此我们可以通过载体素材的变化，对经典选题进行创新。比如，选题"成年人最大的悲哀，是突然读懂了孔乙己"，通过孔乙己的人生来阐释成年人的不容易。写作者也可以将"孔乙己"这个人物进行替换，因为不同的人有不同的经历，不同的事情有不同的特点，这种差异化也能让新选题具备差异化，继而给读者带来新鲜感。

6.2 提前预判：时间轴上有 100 个经典选题

热点大部分都是突然发生的，但有一部分热点却是可以提前预判的，比如6~7月，就是关于高考爆款选题频出的时间节点；又比如春节前后，就是关于回家、团圆、亲情、春晚等选题的时间节点。对于这些选题，我们不能等到热度上来再去策划选题和写作，而是提前预判、提前策划、提前写作，等到时间节点到来时直接发布或者投稿，以赢得时间上的主动。

6.2.1　固定的时间节点

1. 节假日

节假日包括春节、清明、五一、端午、中秋、国庆节、元旦，以及父亲节、母亲节、教师节等。这些节假日前后，很多与之相关的文章就会大量出现，并得到读者的关注。在策划节假日的选题时，可以从节假日的寓意和特点出发，运用发散性思维进行思考，比如文章《团圆才是最好的中秋》讲的是中秋节所蕴含的最重要的寓意；文章《国庆随份子是人情，随到破产是事故》讲的是国庆节扎堆结婚的独特现象；《十一那么拥挤，为什么我们还要集中放假？》讲的是国庆为什么放假。

学员的文章《致父亲：我从未让你骄傲，你却爱我如初！》，就是针对父亲节提前策划的选题。

2. 与生活关联很大的节点

与工作生活关联很大的节点包括高考、开学季、寒暑假、毕业季、求职季等。这些节点与大家的工作生活关联度高，因此与之有关的文章也能得到较高的关注度。同时，这些节点时间跨度长，适合作者提前策划选题并开展文章创作。以爆款选题频次出现较高的高考来说，可以分为以下四个阶段。

第一阶段，高考前。这个阶段的学生们正在冲刺，有很多励志、学习、努力等选题的文章出现，比如《你讨厌的现在，是我回不去的过去》《乾坤未定，你我都是黑马》。

第二阶段，高考刚结束一直到成绩公布。关于这个阶段的选题大都呼吁给考生和考生父母一个安静的环境，比如《高考过后，请不要打扰别人的幸福》。

第三阶段：出成绩之后。关于这个阶段的选题集中在探讨高分考生成才背后的原因，用以启发别人，比如《每个横空出世的奇迹，都是父母在奋力托举》《看看别人家父母，我无脸嫌弃自家孩子》。

第四阶段：新生入学。这个阶段的孩子开始进入高校，文章围绕名校的重要性、离别等展开，比如《进了好大学才知道，优秀的朋友圈，到底有多重要》《为什么要上名校，这是我听到的最好的答案》《大学录取通知书到了，这也是一张离别的船票》。

3. 其他节点

其他节点包括名人诞辰（生日）、某一重要事件发生的时间等，与这些节点有关的文章，热度会很高。

6.2.2　可以预测的时间节点

除了固定的时间节点外，还有一些事件虽然不在每年的固定时间发生，但也会提前进行公告，比如影视剧、春晚晚会、娱乐节目等，都会提前告知大家播出时间、参演人员和节目单等。这就给策划选题预留了足够的时间，写作者可以提前策划选题、完成写作，并在合适的时间发布。下面就以中央电视台春节晚会提前公布的节目单和演员表为例，来讲解我提前策划选题的方法。

1. 人物类选题

比如在 2019 年的春晚，对于葛优时隔多年再次加入春晚，我提前策划了关于葛优的人物选题，成为"10 万 +"爆款文章。

2. 春晚怀旧选题

通过追忆某一年的春晚，或者阐述春晚的变迁，来勾起大家的回忆，比如文章《2002 年的春晚，已经是 20 年前》。

3. 经典选题翻新

根据已经确定的节目单等，横向联想有没有相似的经典选题，再

Tips：越大的平台，越重视时间节点，这才能保证提前发布文章，比如，中秋节的文章，很多账号会提前一天发布，这样就赢得了时间，增加爆款文和被转载的概率，也避免了中秋节当晚发布时被同质化文章所包围。

结合新素材思考新的选题角度。

6.3 日常发现：在素材积累中发现选题

我们经常看到文章中会出现"我有一个朋友""我的老公""我有一个亲戚"等字眼，这些都是作者在日常生活中发现的选题。但很多学员说："老师，我的生活太平常了，根本找不到选题。"其实，你的生活不是太平常了，而是缺乏发现的眼睛。

6.3.1　细心观察，敏锐发现

前文我介绍过，新媒体写作者必须留意观察身边的人和事，把触动自己的内容及时记录下来，作为自己写作的素材。而这个观察和记录的过程，不仅是日常积累素材的过程，也是发现选题的过程。所以在生活中，我们一定要仔细观察和记录，比如自己的家务事，与伴侣、与老人、与孩子相处的细节，跟亲戚朋友的聊天，小区里的新鲜事，别人在朋友圈发的信息，都可以成为选题的来源。

有一次，父母从老家来看我，不舍得买卧铺票，硬是坐了40多个小时火车，下火车时腰都直不起来了。接到父母的那一刻，我鼻子都酸了，这就是我们的父母。后来，我以此为题写了一篇文章。

我写过一篇文章《"你上班了，孩子收心了吗？"老师的忠告引无数家长深思》，开头讲了这样一件事情：

大年初七，上班的第一天。

老师在家长群里发了一大堆任务，督促孩子写寒假作业、给孩子安排家务、让他们少看电视少看手机、多带孩子锻炼锻炼或者出去走走……

刚上班忙得焦头烂额，家长们自然心里不高兴，有的甚至直接委婉地怼了回去：过年了，最重要的是让孩子开心，其他的可以缓缓嘛。

老师沉默了一会儿，又发出了一条信息："寒假太快乐了，能接受开学之后的落差吗？"

这件事就来自一个朋友的分享，特别是老师的这句话："寒假太快乐了，能接受开学之后的落差吗？"对我触动很大。我以此为选题，并查阅了有关资料，最后写成了这篇文章。

所以，在生活中养成随时记录的习惯是很重要的，尤其是一闪而过的灵感，一定要及时记录下来，这些灵感往往是很好的选题。

6.3.2　辩证思考，找好选题

作为一名写作者，我们在写作时一定不能听风就是雨，否则写出的文章就会缺乏个人主见、人云亦云。在对素材进行分析和提炼选题时，我们一定要学会从多角度和站在不同立场辩证思考，这样既能保证自己全面、深入、客观地看待问题，也能为自己找到更优质的选题。

比如，有一次跟父母聊天，我得知了一件很有意思的事情：小区里有个邻居是一个公务员，因为没有帮亲戚一个忙，结果两家反目成仇。这个故事让我感慨：站在亲戚的角度看，公务员是不近人情；站在公务员的角度看，公务员有公务员的职责和本分。我们从这两个角度进行对比，显然是第二个角度更客观、更优质。

另外，在日常生活中挖掘选题，会给读者带来一种熟悉感，在阅读时也更具代入感，最后互动和分享的意愿也会很强。

6.4　紧追爆款：一个爆款文章背后，藏着 N 个爆款选题

诸如"新榜"等网站都有热文版块，集合了近期的爆款文章。很多编辑就是实时关注这些网站或者竞品平台的爆款文章，继而策划新的选题。具体而言，有以下三种方法。

6.4.1　运用发散思维

对爆款文章的选题运用发散思维进行再思考，探求已有角度和解题路径之外的新的选题角度和解题路径。最终，通过"一题多解"的方式，找到新的爆款选题。比如，前文我讲到关于不想工作的文章有很多，都是从不同角度来解题的。其中，文章《如果你不想工作，想想这3个人》

是从父母、爱人、孩子三个角度去阐释工作与上班的意义；文章《如果你不想上班，就去凌晨 3 点的街头走一走》是从"没有一份工作，是不辛苦的""没有一份工作，是十全十美的"等角度去阐释工作与上班的意义，其他角度还有《请算清这三笔账》《就去这 4 个地方走一走》等文章。

　　不难看出，这些文章的选题立意都是一样的——"阐释工作与上班的意义"，但解题角度、素材运用都不同。俗话说，条条大道通罗马。很多选题都可以从不同角度去解题或者论证，比如，在文史类账号经常出现"最高级的修养"类的文章：

　　（1）《最高级的修养，是看谁都顺眼》；

　　（2）《最高级的修养，是不动声色的善良》；

　　（3）《最高级的修养，是慎独》；

　　（4）《最高级的修养，是明知不问》。

　　这些文章虽然展开的角度不同，但通过各自的情节论证了什么是最高级的修养，引发读者的共鸣，成为新的优质文章。在运用发散思维策划选题时，一定要敢于尝试，从中选取好的选题角度。

6.4.2　运用逆向思维

　　在前文我提到，追热点时要善于运用逆向思维策划爆款选题。同样在非热点选题中，也要善于运用逆向思维策划选题，敢于去质疑爆款文章的选题，思考与之相对的选题。

　　比如，《父母三观正，是孩子最大的福气》是常见的爆款文章，但也有写作者逆向思考，写出了不同角度的文章。

　　站在爆款文章相反的角度策划选题，会让读者感到新奇，更有打开的欲望。但关键是围绕选题成文时，一定要逻辑缜密、论证合理。

6.4.3　挖掘爆文评论

　　爆文的评论区，与微博热搜的评论一样，也是我们很好的选题来源。比如，我与桌子老师合写的一篇关于婚姻的文章，这篇文章成为爆款后，有很多粉丝做了评论，我节选一些出来：

任何一段关系中，并不是你负责赚钱养家，我负责貌美如花，而是你有你的高工资，我也有收入，势均力敌，才是刚刚好。

生活就是柴米油盐，无法逃避。

你优秀我也不差，这种婚姻才能长久，至于"我养你"听听就好，我自己能养活自己，你只给我爱情就好了。

这些评论都是粉丝最真实的感受，每一条都触动了很多人。而这些评论，也可以作为我们新的选题。

6.5 书评、影评与人物：永不枯竭的选题源泉

对于写作新手而言，最愁的是不知道写什么？不知道去哪儿找选题，不知道哪些素材可以写。如果遇到这样的问题，那就去读书、去观影、去看纪录片，通过输入信息触发内心的想法，进而思考选题、开始写作。

6.5.1 书评影评

读书观影是个人成长的基础，不仅能增长我们的见识，还能把这些见识转化成一篇文章，也就是我们常说的书评影评稿。其可以分为短书评（影评）、书评（影评）、拆书稿等。

1. 短书评（影评）

短书评（影评）主要发布在今日头条、百家号、企鹅号等平台，我的一个学员靠读《三言两拍》《郭公案》等书，在今日头条平台，单日涨粉900多（见图6-4），两个月后成为文史领域的优质作者。

短书评（影评）的选题是基于书（电影）中触动自己的内容策划选题，选题确定后基于这部分内容展开写作，并在最后表达自己的感悟与观点。

概况　粉丝列表		
时间	总粉丝数	粉丝变化数
2020-11-02	4,087	541
2020-11-03	4,518	431
2020-11-04	4,997	479
2020-11-05	5,926	929
2020-11-06	5,958	32

图 6-4　学员书评类账号涨粉数据

比如，学员的千万级爆款微头条，就是从冲突这个维度做的选题。开头是这样写的：

公元前 118 年，21 岁的霍去病陪姨父汉武帝打猎。刚到甘泉宫，他突然拉弓，对着李广的儿子李敢，就是一箭。李敢当场死亡，汉武帝却说："他是被鹿角触击而亡的。"

这个开头就是电视剧《汉武大帝》中的一个情节，而这篇微头条通篇都是围绕为什么霍去病会射杀李敢来写的。

2. 书评（影评）

相比于短书评（影评），书评（影评）的篇幅更长，大多是通过从书中提炼出观点，并展开论证的文章。比如，感情冲突的情节，就可以切入情感领域的选题；父母与子女交往的情节，就可以切入亲子育儿领域等。

学员瑾山月发现历史上真实的玄奘与《西游记》中的唐僧是格格不入的，她就从差异性入手，写出文章《〈西游记〉中真实的唐僧，读懂已不再少年》。

在书评观点文中，其实很多观点本身就是经常出现的经典选题，就形成"书名 + 经典选题"的选题模式，比如：

选题 1：看了《雾都孤儿》我才明白，为什么善良的人根本不会吃亏；

选题 2：《巴黎圣母院》：这 3 个爱情真相，越早知道越好；

选题 3：《红与黑》：太贪婪的人生，是一场灾难。

在读书时，带着这些经典选题有针对性地快速阅读，不仅能提高选题和写作效率，也更容易上稿。

3. 拆书稿

拆书稿与前两者不同，它是在读完一本书后，根据章节目录把书拆解开，方便读者快速了解本书的精华。拆书稿的优势在于按照一本书原有逻辑和设定进行解读，局限性在于个人发挥的空间相对较小。

> Tips：影评相比于书评而言，不仅可以写过去的经典影视剧，还可以写热映的影视剧，比如《长津湖》《人世间》《小欢喜》《都挺好》等。

6.5.2　人物稿

虚构的故事再精彩，也不如真实的人生精彩。人物稿选题除热点关联的人物外，还有两种：名人与普通人。这两者的选题方式是不一样的。

1. 名人的选题角度要从小处切入

名人是指有一定"知名度"的人，关注度高，所以是选题的重点方向。这里的名人，不仅指科学家、文学家、明星导演或者其他名气很大的人物，也包括名著中的人物，影评中的主角以及之前曾经爆火过的素人等。

这一类的人物为大众所熟知，比如刘德华是四大天王之一，陈道明扮演过康熙等，如果写这些内容就会让读者没有新鲜感。所以，关于名人的选题，应该着重深挖他不为人知的故事（特别是困境故事）、与别人发生的冲突等。

比如，我的文章《人到中年，我才读懂了司马迁》，对于大家所熟知的司马迁写《史记》的内容则一笔带过，而把写作重点放在了司马迁为李陵说情、家贫和与任安的回信等细节上，把司马迁写得鲜活的同时，也激发了读者的好奇心。

2. 小人物的选题角度要从大处切入

所谓小人物，是指除名人外的其他人，其本身关注度不高，没有流量加成。对于小人物类的选题，就要从他最高光的、吸引人的一面去写。其实，每个人都是一部书，要写的就是"这部书"中高潮迭起的部分，比如他遇到的非同一般的困境、异于常人的行为和性格，进而通过真实的素材提升内容的可读性和感染力，来吸引读者阅读。

除了挖掘个人的经历外，也可以挖掘他（她）的社会关系，如果他（她）的社会关系中有一个名人，那么就可以参考上文所讲的"人物关系转换法"，通过关联名人吸引流量，点明人物之间的关系引发读者的好奇，并通过人物故事引发共鸣，最后成为爆款文。

其实，无论是热点文，还是非热点文，选题都决定着文章的方向。我们一定要把选题方向定好，从不同角度举一反三，灵活运用，不断提高自己策划选题的能力。

第三篇

谋篇布局，架起文章的四梁八柱

有了选题，文章就有了灵魂，但一篇文章的骨架，涉及标题、结构、开头和结尾四个部分。任何一部分写不好，都会影响文章的质量，比如标题不新颖，读者就会失去点击的欲望；结构混乱，读者会觉得读起来很累。

所以，对于作者来说，必须学会谋篇布局，切实根据主题合理设计，架起文章的四梁八柱。

（1）要有好的结构。就像盖房子一样，有了结构设计图，工人们才知道如何添砖加瓦。文章的结构就是结构设计图，写作者根据自己设计的设计图，有针对性地进行素材填充，才能形成一篇文章的雏形。

（2）要有好的标题。在读者看手机的时候，如果文章标题吸引了他，他就会打开文章。这是阅读文章的基础。

（3）要有好的开头。好的开头是吸引读者继续往下看的理由。文章开头给读者的吸引力大小，决定了读者就不会继续读。

（4）要有好的结尾。结尾是距离读者互动最近的地方，结尾写得好，读者才愿意点赞、评论和转发。这些互动数据决定了一篇文章最终的阅读量。

第7章
六种结构模板，搭起文章的基本框架

新手写作者往往会出现两类问题：第一类问题，有了选题后，不知道该怎么围绕选题去设计一篇文章，感觉有一肚子话想说，却不知道该怎么表述出来；第二类问题，提笔就写，想到哪里写到哪里，最后文章写着写着就偏离了主题，或者写到一半就写不下去了。

如何避免出现这样的问题？最有效的办法就是在动笔之前，根据选题搭建好文章的结构。有了文章结构就有了文章的"骨架"和设计图，就能清楚地知道如何去写各个部分。就好比建一个公园，只有根据设计图，才知道什么地方建草坪，什么地方建花坛，什么地方建公共设施。在新媒体写作中，最常见的有以下六种写作模板。

7.1 解题式结构：是什么、为什么、怎么办

什么是解题式？就是对一个选题进行逻辑分析，通过是什么——提出问题，为什么——分析问题，怎么办——解决问题，引导读者深刻地理解问题，进而赞同你的文章。

解题式结构是很重要的一种结构模板，应用场合比较多，通过揭开隐藏在表面现象背后的深层次问题，然后一步步分析原因，最终给出问题的解决方案。

用这个模板搭建结构时，可以按照是什么、为什么、怎么办，去分析论证，最后形成文章的提纲。

这里以文章《这个世界上，最难的工作是当妈妈》为例，讲解如何搭

建文章的结构，具体如下：

（1）通过一条"爸爸单独带孩子时兵荒马乱"的微博，引出观点"妈妈的工作真的很难、很辛苦"。这部分就是透过现象发现问题，解决"是什么"的问题，并提出文章的基本观点。

（2）分别从身体和心理两个角度分析：在身体上，每天24小时在线，每周7天无假期；在心理上，缺乏理解，依次分析了"妈妈的工作为什么难"这部分是替读者分析产生问题的原因，引发读者的认同。

（3）告诉所有的爸爸要理解妻子，而且对孩子最好的爱，就是爱孩子的妈妈。这部分提供解决方案，也是从发现问题到解决问题的逻辑闭环，这部分决定文章是否"有用"，有用的文章才有价值。关于《这个世界上，最难的工作是当妈妈》一文的结构搭建，如图7-1所示。

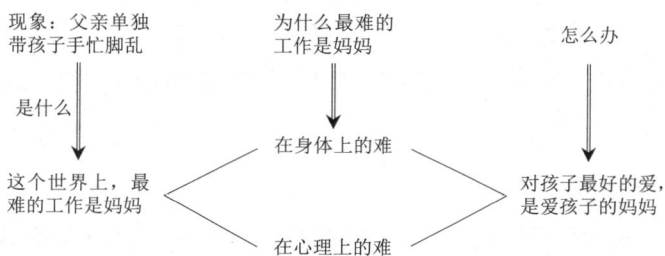

图 7-1 解题式结构示意

解题式结构，要做到解题准、分析深、方法好。所谓"准"，就是透过现象看本质，而不是人云亦云，往往与选题结合，且密不可分。

所谓"深"，就是有深度，不流于表面，作者要深挖现象背后深层次的原因和读者难以发现的素材细节，全方位地展现整个事件，同时可以选用统计数据和借用名人名言，增加分析的权威性。

所谓"好"，就是最后提出有情绪价值或者实用价值的解决方案，让读者觉得有用或者感到共鸣。

7.2 对比式结构：正反反正、反反正正

对比式结构，就是既从正面论证，秉持正面的观点会得出什么结果；

也从反面论证，秉持反面的观点会得出什么结果，通过正反两面的结果反差进行说理，从而揭示事物的本质，使文章所阐述的观点更加深刻、更有说服力。同时，正反对比带来的强烈反差，也能给读者留下更深刻的印象。

在写作的过程中，正反对比是以文章主题为中心来展开对比的。以文章《＜我是余欢水＞郭京飞讨债，真相扎心了：你弱的时候，坏人最多》为例。这篇文章围绕主题分为 4 个部分来展开，结构搭建如图 7-2 所示。

第一部分：描述了《我是余欢水》中的讨债情节，从好言好语屡被拒绝，到变强硬后讨债成功，前后的正反对比说明"忍让是要有底线的，一味地忍让，得不到别人的尊重，反而更容易被欺负"。

第二部分：从反面举例了《红楼梦》迎春的遭遇、《欢乐颂 2》中邱莹莹被欺负，从正面举例了《欢乐颂 2》曲筱绡的强硬，前后的正反对比说明"坏人喜欢欺软怕硬，你越畏惧他，他越咄咄逼人，你越不把他放在眼里，他对你越恭顺"。

第三部分：从正面举例了赵丽颖名誉权案胜诉，以及作者自己在住院期间因为不计较导致护工出工不出力，呵斥后护工开始尽职尽责，前后的正反对比说明"人这一生，既要有做人的修养，也要有金刚怒目的手段。忍让有度，你就会发现，身边的坏人变得少了"。

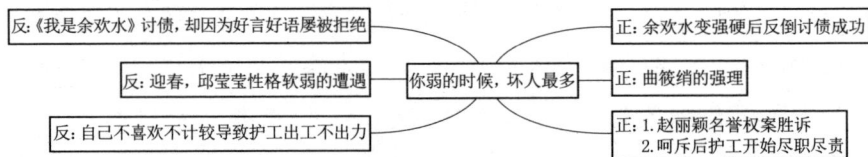

图 7-2　正反对比式结构示意图

对比式结构让我们在思考结构时，通过联想法先把搜集到的素材按照正反进行归类，填入对比式结构模板中，一篇文章的雏形也就出来了。使用对比式结构模板时要注意，最后一部分的论述一般应使用正向的观点，因为最后一部分是需要通过正面的肯定来进一步强调文章主题，同时呼吁读者的行动，并倡导正确的价值观。

7.3 并列式结构：一个大观点 +*N* 个并列的小观点

在并列式结构的文章中，一般围绕文章的大观点也就是全文中心论点，去设置各部分的分论点（小观点）。且各个分论点之间是平行并列、相互独立的关系，从不同角度分别论证中心论点，使得文章核心观点被论证得更充分、更具说服力。

比如文章《多少家庭，输在了没有仪式感》就是分别从生活、亲子关系、婚姻等不同的方面去论证家庭中仪式感的重要性。其并列式结构如图7-3 所示。

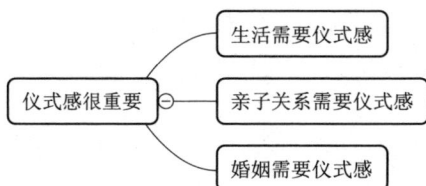

图 7-3　并列式结构示意

围绕仪式感，从三个方面层层铺开，构思新颖、条理清晰、内容充实、结构完整。

如果你用并列式结构模板，可以把大观点进行拆解，拆解出相对独立的小观点。然后把大观点和小观点放到一起分析，看小观点组合起来是否完整论证了大观点，是否有遗漏以及小观点之间是否有重复的论述。

除了对大观点进行拆解外，也可以对一个素材（尤其是热点）的细节进行提炼，归纳总结出不同的小观点。比如，热播剧《都挺好》大结局时，很多人从不同角度写了相关的文章。其中有篇文章从整部剧中提炼总结了4 个小观点，写出了文章《〈都挺好〉大结局：婚姻中，女人最该看透的4 件事》。

类似标题样式的文章还有"这三件事千万不能忘""看这三点"等，该类文章大多采用并列式结构。并列式结构的特点在于，可以对小观点的顺序进行调整，但要注意的是不要让分论点之间有交叉，造成观点重复。

7.4 递进式结构：一个大观点 +*N* 个递进的小观点

与并列式结构类似的是，递进式结构也有小观点，但小观点之间不是并列关系，而是递进关系。

什么是递进关系，就是后一观点必须以前一观点为基点，并在程度上更进一层，由浅入深、层层递进，最后深层次论证文章的大观点。

这里还是以前面那篇婚姻的文章为例，这篇文章围绕中心论点列出了三个层层递进的分论点（见图 7-4）：

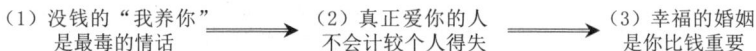

（1）没钱的"我养你"　→　（2）真正爱你的人　→　（3）幸福的婚姻
是最毒的情话　　　　　不会计较个人得失　　　　是你比钱重要

图 7-4　递进式结构示意图

第一部分，通过一对情侣因为"我养你"惹起的热议，提出观点：没钱的"我养你"是最毒的情话；

第二部分，通过综艺节目《爱情保卫战》里的一段视频，引出观点：真正爱你的人不会计较个人得失。

第三部分，通过律师朋友列举的两个案例来说明"好的婚姻永远都是：你比钱更重要"。

三个分论点呈现递进状态，由浅入深、步步推进，反映了作者的思维进程，前后不能颠倒顺序，也让文章的表达逻辑十分严谨。

> Tips：无论是并列式结构，还是递进式结构，小观点确定后，就可以围绕分论点来搜集和填充素材，然后组合成一篇文章。而小观点最好是能用金句来提纲挈领，给读者留下更深刻的印象。

7.5 时间线结构：按照时间先后顺序写作

时间线结构，就是写先发生的事情，再写后来发生的事情，以时间的顺序结构来展现一个人的成长过程或者一个事件的发展过程。这里要注意的是，虽然是按照时间先后顺序展开，但不是每个点都要写，而是要选取有冲突、有吸引力的细节，并以此激发读者深度阅读的欲望。

时间线结构是符合事物发展的线性逻辑结构，更符合人们对一个事件发展或者人物成长认识的理解，逻辑更清晰，读者阅读也更顺畅。

比如我的文章《年少不懂司马迁，读懂已是泪千行》中，就是按照时间线来写的司马迁。整篇文章选取了司马迁不同时期、不同阶段的 5 件事，如图 7-5 所示。

> Tips：在抖音、快手等平台的很多短视频，背后的文案多采用的也是时间线结构。

这 5 件事是按照时间顺序演变的，展现了一个人到中年后的心态变化和种种艰难，也论证全文的核心观点。

时间线结构很简单，也很好理解，在人物稿、热点分析稿和微头条中较为常见。采用这种结构时，一定要注意深挖人物事例或者事件细节，避免写成流水账。

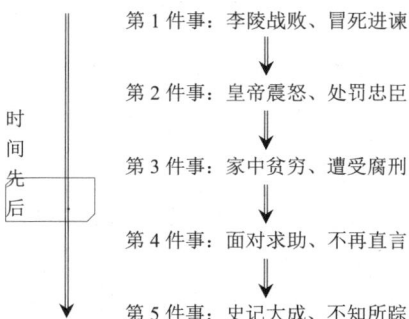

第 1 件事：李陵战败、冒死进谏
第 2 件事：皇帝震怒、处罚忠臣
时间先后
第 3 件事：家中贫穷、遭受腐刑
第 4 件事：面对求助、不再直言
第 5 件事：史记大成、不知所踪

图 7-5 递进式结构示意

7.6 叠加式结构：反复打击读者的情绪点

叠加式结构也是新媒体写作中常用的一种结构模板，通过选取与主题有关的素材，然后不停地列举事例，不停地叠加情绪。对于这一类文章，当你看第一段时，只有一点感动，看第二段时又增加了一点……最后打通了五脏六腑，含着泪转发出去。

例如，文章《暖哭朋友圈的瞬间：这世上最爱孩子的人，或许不是妈妈》中，选取了 11 个素材进行列举，分别讲述了爷爷奶奶、外公外婆对孩子的爱，一点一点地触动大家的情绪点，最后提出观点："只有最爱你的人走了，你才知道，这个世界，只有离别才是永远。"，呼吁大家珍惜当下，好好地爱自己的亲人。

这种结构的优点是简单，写作者通过搜索有关的素材进行提炼列举即可，关键是在写作时要找到符合文章调性的素材。

以上就是常见的六种结构模板，在确定选题后，就要思考用哪种结构来撰写一篇文章。确定结构的过程也是撰写提纲的过程，明确各部分的分论点，让下一步的写作更具针对性，也确保文章始终主题集中、逻辑通顺。

在列提纲的时候，可以用思维导图，也可以写在纸上，把结构列清楚，然后再来判断逻辑是否清晰。

> Tips：写作新手有时并不知道采用哪种结构，这时可以先围绕主题来寻找素材，再把每一个素材的核心思想提炼成一句话，作为分论点。然后对关联性不强的、较为平淡的分论点删除，把剩余的分论点按照正反反正、并列、递进等结构进行调整，也能快速形成一篇文章的提纲。

第8章
十种标题模板，让读者目光聚焦到你的文章

"题好文一半"，由此可见标题在写作中的重要性，也是一篇文章能否成为爆款文的前提。如果一篇文章的内容很好，但标题不够吸引人，读者就不会产生阅读文章的冲动。相应地，一篇文章的阅读数据就很难提升，最终浪费了精彩的内容。很多平台的编辑在发布文章前，花功夫最大的、反复修改的也是标题，有的还会拟写几个标题发到粉丝群里进行投票。

作为一名新媒体写作者，一定要在标题上多下功夫。

8.1 起标题的三个原则

标题和选题是息息相关的，但标题不等于选题，选题的作用是确定文章的核心思想，标题的作用是吸引读者点击以及分享转发，两者不能等同。标题是需要写作者花费功夫进行设计的，因此起标题要注意以下三个原则。

8.1.1 吸引力原则

起标题之前，首先要清楚读者的阅读场景与习惯：乘坐地铁/公交、走在路上、睡觉前打开计算机或者手机，是一种碎片化的快速阅读。而展现在计算机或者手机屏幕上的，不是一篇完整的文章，而是一个个标题。标题之于文章，就是展

> Tips：在微头条、百家动态等短故事题材中，直接展示给读者的是开头，开头起到的是标题的作用。

现在外面的冰山一角，而我们打开一个个平台，看到的就是这外面的一角。如图 8-1 展现出的是不同平台上，读者一眼能看见的文章标题。

图 8-1　不同平台界面一览

在各类信息如此之多、注意力如此分散的情况下，读者只会打开那些吸引他的标题。所以，标题第一原则就是吸引力原则。

相信大家有类似的感觉，冗长、平淡、啰唆、缺乏悬念的标题，根本不愿意点开，因为我们的目光会被有特点的标题吸引。这就要求我们在起标题时，注意以下两点：

（1）简单直白。尽量多用短句、少用长句，并把关键词前置，让读者能一目了然。标题中的关键词应做到吸睛，比如自带流量的名人、热点事件等，又比如与读者利益相关联的关键词，孩子、工资等。

（2）制造悬念。在标题中通过制造反差、突破认知、话说一半等手法，让读者看到标题后就会产生"为什么"的疑问和"一探究竟"的好奇心，进而点开文章阅读。

比如，《工资一直上不去，你一定不踢球吧？》，首先就是简单直白，读者一看就能留下印象；其次，在大部分认知中，工资低与踢球并无关联，通过硬组合形成悬念点，引发读者的好奇——为什么？

8.1.2　关联性原则

根据马斯洛需求层次理论，人都潜藏着五种不同层次的需要。除去最基础的需要，其他四个需要，分别为安全需要、社会需要、尊重需要、自我实现。根据读者的需求，有针对性地提供内容。读者觉得文章内容能帮到自己，能让自己产生情感共鸣，这篇文章就是好文章。

比如，安全需要中，人身安全、工作与健康等话题就有很多爆款文章：

（1）《这份暴雨自救指南，超详细实用！》；

（2）《月薪三千的文案和月薪三万的文案差在哪？》；

（3）《喝酒伤身怎么办？医生总结6种解酒方式，第一种才最有效》。

又比如，社会需要中，有很多关于情感、亲子等话题的爆款文章：

（1）《巴黎圣母院突发大火：最怕跑赢了时光，却弄丢了对方》；

（2）《这3部高分育儿纪录片，看完颠覆你的教育观》。

一看到标题，就能使读者产生关联感的文章，能提高文章的点击率。比如，某一个事件成为热点话题，就要把这个事件作为关键词放到标题中，这样就与关心这个热点的读者产生了关联；又比如，你写的是养育孩子中的一个痛点，就把痛点作为关键词放在标题中，这样就与有这个痛点的父母产生了关联，也会使读者主动点开文章阅读。

8.1.3　社交原则

分享率对提升文章最终的阅读量有很重要的作用，而好的标题不仅能提高点击率，同样也会提高分享率。因为当读者转发文章的时候，标题直接展现在朋友圈，代表了读者自己的立场，所以读者在转发前会衡量文章标题的优劣。

相反，如果标题是《如果你不想工作了，就到凌晨三点的街头走一走……》，读者转发后就不会有这样的担忧。所以，起标题要考虑社交原则，要让自己的标题符合读者转发的场景，是否有消极负面的影响？是否能引发朋友圈共鸣，迎来一波点赞？

对于读者而言，是否会转发文章取决于两个因素：第一，不低俗，不是"标题党";第二，转发后，可提升自身形象，引发认同。

8.2 十种标题模板，提升文章的点击率和转发率

好的标题的判断标准是什么？归根结底要用数据说话。两个数据很关键，一个数据是文章的点击率，要看高于平时还是低于平时，以此来判断标题的吸引力；另一个数据是文章的分享率，看读者是否更愿意分享到朋友圈。

通过建立爆款选题库，对一个个标题进行梳理、归纳和总结后，我发现爆款标题有十个模板形式，大家可以直接套用，也可以模仿。

8.2.1 亮词前置：用亮词吸睛，打开流量池

有一个很有意思的现象，一个平平无奇的观点在跟上热点事件后，其阅读量就会呈几倍跃增。造成这种现象的原因很简单，热点就是当下的流量，带上热点后，就容易吸引读者点开。

亮词是有亮点的关键词，更能吸引读者的注意力。而热点关键词就是我们最常见的亮词之一，比如：一位学员的文章《清华开学全网直播，46岁博导1句话引人深思：优秀的朋友圈，到底有多重要》，标题的前半句中"清华开学全网直播"就是当时的热点关键词，放在标题中就会吸引对这个热点感兴趣的读者。同时，清华、博导等词都是很有吸引力的词，能达到吸睛的效果。

而除了热点关键词外，亮词还包括：名人（包括曾经出现的热点人物）、影视剧、名著、地名等，都是自带流量的，这里以我们熟悉的《西游记》为例，相关文章就有很多。

（1）《〈西游记〉：人生四苦，熬过方知成熟》；

（2）《〈西游记〉：少年只知大圣勇，中年方懂八戒苦》；

（3）《〈西游记〉人生三境：少年看大圣、中年看沙僧、老年看唐僧》；

（4）读懂《〈西游记〉，才明白人生的3个真相》。

《西游记》就是一个名著和影视剧性质的亮词，将其放到标题中时就

能引起很多人的注意。

关于亮词的运用，我们可以看一组标题。桌子老师的文章《北大高颜值"男神博士"上热搜，我终于明白名校背后的真相》被转载后，有的账号将标题改成了《"韦神"一夜爆红后，北大"博士男神"再上热搜，我终于明白了名校的真相》。为什么要修改标题，加上"韦神"的名字？就是因为北大学神韦东奕（"韦神"）作为当时的热点人物更有辨识度，更容易吸引读者。

> Tips：亮点前置＋观点后置，是新媒体写作中常用的标题模版，而被后置的观点中也有一些高频出现的亮词，例如，教养、自律、三观、中年、善良等，这些词如果能出现在标题里，不仅直观地告诉读者你的核心观点，也能提升标题的价值感。

8.2.2　善用数字：用数字吸睛，打开阅读入口

很多标题会特意加上数字，比如《65岁陈道明再度爆火：一个人真正的强大，是从独来独往开始的》，其实写不写"65岁"这个数字，并不影响标题的含义，但为什么还要在人物之前刻意加上数字呢？

这是因为数字比文字更直观，尤其是与汉字在一起，强烈的对比感，能形成视觉上的反差，这样既能突出重点，又给人眼前一亮的感觉，吸引读者点开。我们对比以下两个标题：

（1）《采访了无数职场女生，我们整理了女生进阶的全攻略》；

（2）《采访了3 000个女白领，我们总结了女性白领进阶的7种方法》。

看到了3 000个女白领、7种方法，是不是更有冲击力。

> Tips：用数字时要注意，数字不可以运用过多，在标题中还是要以汉字为主，否则不仅无法吸睛，反而会产生负面的阅读效果。同时，数字不可夸张，要与文中内容相互呼应，这样才能增加信服力。

数字还有另一个作用，增加标题的信息含量，并将模糊化的信息具体化。而具体的信息比模糊的信息更有说服力，也更容易让读者去传播。

比如，《85岁得诺贝尔奖的屠呦呦，到底有多牛？》一文就是

将屠呦呦的年龄具体化，以此展现老一辈科学家奋斗的精神，呼吁我们别忘了关注老一辈科学家。

8.2.3　冲突反差：用矛盾与对比，激发读者好奇心

在前文，我们就强调过冲突、反差是选题的爆点。既然是爆点，当然要体现在标题中，把冲突和反差元素提炼出来，展现给读者。写作中，一般是通过矛盾制造冲突，通过对比制造反差，精心提炼标题，提高标题的吸引力。

比如标题"你的舒适区，正在伤害你"，舒适区和伤害你这两个词是矛盾的，当两个矛盾的词组合在一起时，就会形成强烈的反差，表现出舒适区对于一个人的危害，也制造了"为什么后果这么严重"的悬念。这就是冲突反差式标题的作用，通过矛盾对比营造戏剧化效果。而标题前后的反差越大，冲突性越强，读者就越容易产生好奇心，进而主动点击文章阅读。

> Tips：在思考标题时，也要切忌为了达到冲突反差的效果而盲目夸大，脱离了文章内容。这种标题不仅难以达到传播的目的，还容易让读者反感，产生抵触心理。

8.2.4　突破认知：让读者为新鲜的事物买单

当所有人都强调善良是一种美德时，第一篇强调"我劝你不要太善良"的文章就成了刷屏级的爆文。为什么？就是因为这篇文章的观点让人意外，打破了常规认知。人天生具有好奇心，会对突破认知的事物产生好奇、惊讶，促使读者打开文章一探究竟。如果能在读者熟悉的事物和常识性观点制造出意外，就更能吸引读者的好奇心。

1.打破心理预期

打破心理预期的关键在于明白大众心理预期是什么，然后打破它。

2.让不可能变成可能

"不可能"是人的固有认知，突破认知类标题就是要打破这种认知，给读者创造出意外的感受，进而点击文章去阅读、去寻找答案。比如，文

章《雍正最爱的人，不是甄嬛是华妃》，我自己是《甄嬛传》的粉丝，在我的认知里，雍正最爱的是甄嬛，不爱华妃。所以在看到标题后，我会不自觉地点开标题一探究竟。

3.展现"新奇"点

俗话说，世界之大无奇不有。打破认知，还在于把看到的新奇事直接提炼，并融到标题中展现给读者。

> Tips：调动好奇心最基本的法则：熟悉事物＋反常信息。比如妇产科医生是大家熟悉的，但如果妇产科医生是位男医生就会让一些人觉得意外。而这种意外的程度越深，文章的点击率就越高。反常识是制造悬念最好的武器，让读者在脑海中产生疑问，迫不及待地想要知道答案。

随着时代的发展，不断产生很多新鲜又让大众感到意外的事情，比如，我们经常在一些标题中看到"妇产科男医生""硕士女保姆"等词汇，以此来吸引读者的注意，如图 8-2 所示。

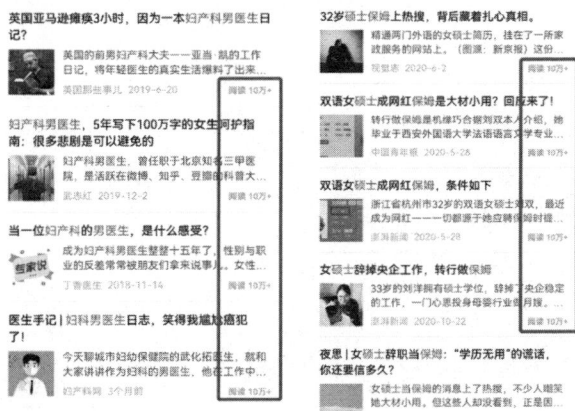

图 8-2 新奇类标题一览

8.2.5 提出问题：直击读者关心的问题

提出问题是新媒体写作中常见的标题句式，通常以疑问词或者问号来结尾。如果在标题中直接提出问题，就能与读者产生关联。因为读者看到标题的瞬间，会考虑写作者会如何回答这个问题？有了关联后，读者会对问题产生好奇，想要知道答案是什么，进而点开文章，去寻找答案。

比如文章《为什么要悼念一头猪》，对于读者而言，看到标题会产生一种疑问，因为人很少悼念猪，这种好奇会促使读者点开文章。在文章中，读者会看到猪坚强的故事，汶川地震中被埋在废墟下 30 多天，却坚强地活了下来，进而被感动，并对文章产生认同。

提出疑问有一些常用的句式：为什么、是什么、怎么样、如何、凭什么等，并以疑问、反问等语气结尾。这里要注意的是，当我们运用提问式标题时，并不是因为只要有提问，读者就会产生好奇心，而是直击读者关心的问题。写作者可以通过以下 3 种方法来起标题，如图 8-3 所示。

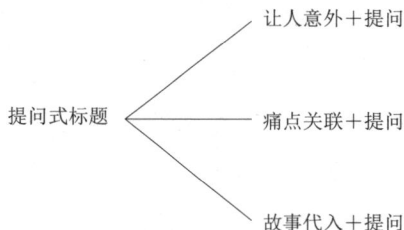

图 8-3　提问式标题的 3 种形式

1.让人意外 + 提问

问题能制造意外的效果，比如文章《为什么要悼念一头猪》的标题本身就会让读者感到意外，继而对问题产生兴趣。

2.痛点关联 + 提问

问题与读者的痛点相关联，学员的干货文章《如何在头条日赚 100 元？》，戳中的就是头条部分创作者的痛点，他们期待在文章中学习到创作干货知识。

3.故事代入 + 提问

以故事化标题为主，提问为辅，让读者产生代入感，比如《全球最有钱的国王为了娶她，放弃王位、离家出走，这个灰姑娘"凭啥"？》这篇文章的标题，就是把故事浓缩在标题中，吸引读者的注意力。

8.2.6　话说一半：激发读者的探索欲

话说一半，是指在标题中为了能有悬念而采用的留白手法，刻意地不把信息写全，以此给读者留下想象的空间和阅读的钩子，激发读者的好奇心，进而点开文章去寻找答案。比如，文章《人和人之间的相处，最忌讳这3点》，这3点是哪3点呢？没有交代，感兴趣的读者需要自己去文章中探索。

1. 不交代答案

类似上面例子中提到的"这3点"，我们经常看到的还有"4件事""3句话""3个道理"等，点出内容但又不交代具体答案是什么，以此让感兴趣的读者自己去探索。这种方法是把答案的共性提炼在标题中，具体的答案则在正文中展开。

2. 不交代原因

前文举例的文章标题"全球最有钱的国王为了娶她，放弃王位、离家出走，这个灰姑娘"凭啥"？给出了结果"国王为了娶灰姑娘，放弃王位、离家出走"，却没有交代原因，最后留下了一个疑问"凭啥"，留给读者自己探索。

图8-4所示为话说一半标题结构的模板示意。

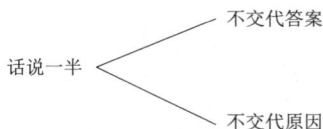

图8-4 话说一半式标题结构模板示意

8.2.7 直截了当：替读者表达内心的情绪

新媒体写作是基于读者需求的，其中包括情绪表达的需求。直截了当式标题，是把读者最直接的情绪浓缩在标题中，用反问、吐槽、感叹的语气直接表达出来。这一类标题因为表达了读者的情绪，也最能引发读者的共鸣，极大地提升点击率和分享率。

直截了当类标题的关键是作者必须换位思考，站在读者的立场去感受他们的情绪，感受他们的所思所想，并干净利落地表达出来。很多时候，读者的情绪和所思所想多表现在评论区，在思考标题时可以直接套用或者借鉴一些高赞评论。比如：

（1）《有事直说，别问"在吗"》；

（2）《广东，红了！！》；

（3）《人到中年，最怕接到深夜的来电……》。

直截了当的标题，一般都会口语化，这样读者转发到朋友圈时更像是自己在说话，更容易吸引朋友来互动。

> Tips：直截了当的标题还要注意一个度的问题，要做到只是替读者表达情绪并符合事实，而不是故意违背事实，用一些哗众取宠、挑起群体对立的标题，变成让人讨厌的标题党。

8.2.8 故事场景：用细节和画面感来吸引读者

故事场景是比寻常叙事更吸引读者的表述方法。故事并不是虚构，而是用具体细节描述一个场景，吸引读者并让读者产生代入感。故事的核心是冲突，所以运用故事场景时，一定要把冲突作为核心点放在标题中，通过具体细节，营造出读者感兴趣的画面，从而吸引他们来阅读。

标题的字数是有限的，必须用尽量少的字数，描述出矛盾的焦点，让文字产生画面感，让标题变成有焦点的叙事词。

讲故事除了以事件冲突为核心之外，还可以运用数字细节，通过数字细节吸引读者点击文章，以了解这个人到底有什么故事？

8.2.9 观点鲜明：唤起大家的情感共鸣

写作者在写文章时，一定要有自己的立场和观点，越是鲜明的观点越能让读者产生共鸣，并最终进行互动和分享文章。把个人鲜明的观点放入标题中，用金句的方式表达出来，是常见的写作模式，具体分为以下两种。

1.温暖观点式

这一类文章，能让读者在疲惫中感到温暖，并缓解内心的压力。这种模式多用于情感、读书类文章，从而引起读者情感共鸣。

比如，以下文章标题：

（1）《你那么坚强，一定很累吧》；

（2）《朋友圈虽小，真心就好》；

（3）《格局越大，人生越宽》；

（4）《心软的人，最苦》。

在当下这个快节奏的社会，成年人往往都背负着很大压力，感到身心俱疲。在这种情况下，看到暖心观点，往往能感受到一种温暖，也能达到自我解压的目的。

2. 犀利观点式

犀利的观点和独特的见解也是成为爆款标题的关键因素。尤其是在热点文标题中，最常用的是热词前置 + 观点后置。但因为热词在一个时间段内大量出现，所以后置的观点越犀利、越新奇，文章的吸引力才能越强。

> Tips：在标题中，观点和素材结合得越深，越能引发读者共鸣。同时观点越走心，越是扎心的金句，读者越愿意转发到朋友圈，因为你的金句说出了读者想说却没有说出来的话。

8.2.10　干货输出：用价值撬动读者"需求"

每个人的需求不同，每个群体需求的也不同。写作者根据读者的需求提供对应的干货文章，提供好的价值、经验和方法，读者必然会点击阅读，因为戳中了读者心中的"痛点"。比如，一位学员的文章《过年带娃走亲戚，千万别做这5件事》，就是针对春节很多父母带孩子走亲戚遇到具体问题而写的。文中提醒父母5件不能做的事，并就此提出了针对性的措施。

同样，职场人有职场人的需求、学生有学生的需求等。写作者可根据群体的不同，抓住不同的需求，将需求嵌入标题之中。比如，文章《月薪3万的人，是怎么做PPT的》，标题嵌入的需求正是部分职场人工作中所需要的，再通过"月薪3万"来暗示读者，这篇文章所列举的经验是职场高手所使用的，让文章更具吸引力。

其实起标题，写作者很少只运用一种方法，都是多种方法组合使用，最终形成一个具有吸引力的标题。我们以新榜原创爆文为例来进行讲解，如图8-5所示。

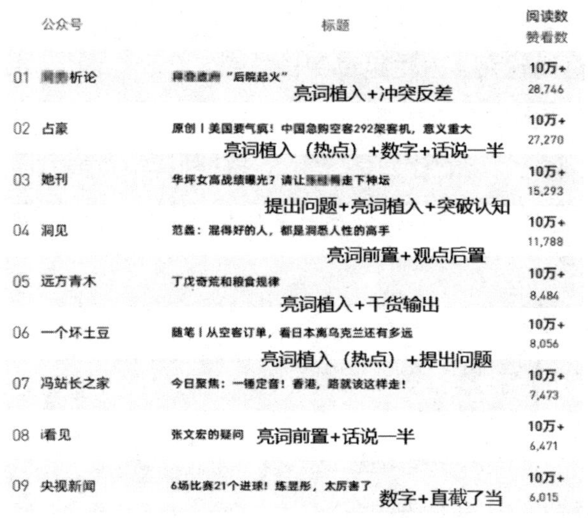

图 8-5　新榜原创爆文标题分析

快速提升标题能力的三个步骤

取标题往往是新媒体写作最费时间的，有的账号甚至会起几十个标题发到粉丝群里进行测试，通过粉丝投票最后确定标题。对于个人自媒体来说，虽然做不到这一点，但也要努力把标题起得更好。

8.3.1　模仿与组合

取标题最简单的方法，就是把所有关键词都写到一页白纸上，比如热点事件，话题人物如明星，数字以及你自己的观点等，再对关键词进行组合。

在学习取标题之初，要学会模仿。看的标题多了就能发现，很多标题的规律性很强，比如热点 + 观点等，通过关键词置换、观点置换等形成自己的标题。

标题至少要思考出五个，然后列在一起反复衡量、比较。如果你对其中某个标题没有感觉，就把它淘汰掉。有条件的话，你可以发给朋友或者粉丝群体，进行一轮筛选。

8.3.2　修改标题

按照我们之前讲的三个原则和十个模板，检视自己取的标题——是否有话题人物，是否运用了数字，是否用了悬念，是否有一个扎心的观点等。

尽量把标题取到最好，之前拾遗有一篇爆文《我要去 1999 年了，你有什么话需要带回去吗？》，阅读量很不错，但是有个小号转载时却把标题改成了《那一年岳云鹏 14 岁，郭德纲 26 岁》，直接刷屏成为双"10 万 +"爆款文章。

后来，其他账号转载时都用了后面这个标题，因为标题太亮眼了，综合名人、数字和悬念三重要素，最后提高文章的点击率和读者阅读量。

8.3.3　复盘反馈

取好了标题不等于就结束了，在推送之后要收集相关数据，进行经验积累。复盘的时候，要把自己转换为读者来反思，对数据呈现好的标题要思考，是哪里吸引了读者。

如果数据呈现不好，就要思考哪里没有写好；如果要改进，就要思考如何改进。特别是，今日头条等平台提供了图文双标题功能，大家可以通过双标题来对比数据，不断提升自己的写作能力。

> Tips：标题一定不能落于低俗，不能打擦边球，标题与内容不能不匹配——"标题党"是读者最为反感的。

第9章
七种开头模板，让你轻松留住读者

在读者点击标题并阅读文章后，最先看到的是"开头部分"。如果开头前几句话不能吸引读者，读者就会放弃阅读，后面的内容再好也会失去意义。因此，学习新媒体写作，必须好好"打磨"开头的内容。

9.1 不想平淡，就在开头埋一个伏笔

有人说，文章开头就是写给读者的"三行情书"。这句话说明前三行文字的重要性。读者注意力较分散，对不感兴趣的内容，就不会有耐心读下去，会选择立刻关闭文章页面去选择新的文章。

很多新手写作者在写开头时普遍存在两个问题：

一是不知道如何下笔，感觉有很多话要说，但到了真正开始写的时候却不知道该怎么写。"万事开头难"，解决了开头的问题，对于写作者而言，继续写就会相对简单。但如果开头写不好，写作者就会产生沮丧心理，甚至放弃成文。

二是开头语言平平、逻辑混乱、词不达意，难以吸引读者。

要想让开头发挥作用，就必须解决这两个问题，具体要做到以下两点：

（1）首先，节奏要快，快速

> Tips：在一些短内容的创作上，比如文案、微头条、微博、百度动态等内容，因为没有标题，所以开头也兼具标题的职能。在这种情况下，设置好悬念，写好冲突与细节，让读者读完开头，想点开全文寻找答案，就成了阅读整篇文章的基础和前提。

进入主题、引出矛盾，牢牢地抓住读者的注意力。

开头最怕的就是写了没意义的内容，缺少与文章主题强关联的素材和语句。如果你换位成读者，会是一个怎样的阅读感受呢？

（2）其次，开头要出奇制胜。清代李渔说："开卷之初，当以奇句夺目。"这里的"奇句"重点就在"奇"上，把最吸引你的事、最吸引你的故事冲突，最吸引你的细节画面、最有悬念的情节、最具气势的金句呈现在开头，以激发读者阅读的兴趣。

9.2 七种开头模板，让读者停在你的文章上

写开头也有具体的方法与模板，我总结了七种开头模板，解决不会写、写不好开头的问题。

9.2.1　开门见山式

直奔文章主题，并与标题相互呼应，形成很好的承接。比如，学员的文章《〈定风波〉：苏轼最旷达的这首词，藏着他道不尽的一生》就是这样开头的：

"莫听穿林打叶声，何妨吟啸且徐行。竹杖芒鞋轻胜马，谁怕？一蓑烟雨任平生。"

这首流传千古的旷世之作，道出了很多人的心声，也书写了苏轼的传奇人生。

这篇文章标题的关键词是：定风波、苏轼、一生。开头第一句是《定风波》的词，第二句话也点出了关键词"苏轼""人生"，很强地呼应了文章标题。再往下，又从苏轼生活的背景、少年得志和后面的遭遇等方面，更详细地阐述了苏轼的一生，层层铺开文章，也让读者由浅入深地一步步地阅读文章。

开门见山式模板在热点文中应用很广泛。在热点文中，热点会直接体现在标题中，而开头也直接讲述热点事件。比如，"神舟十二号"载人飞船发射成功后，很快就成为热点事件，而三位航天员聂海胜、刘伯明、汤

洪波也成为热点人物。这样激动人心的事件，自然也是大家写作的重点方向。其中一篇文章《57 岁博士毕业，聂海胜帅"上天"了！14 亿人围观：年龄是亮点，你还想"躺平"吗？》，开头就采用了开门见山式的方法：

2021 年 6 月 17 日 9 时 22 分，神舟十二号载人飞船发射！按计划，航天员聂海胜、刘伯明、汤洪波将在天上驻留约 3 个月。

简单的两句话就叙述了神舟十二号载人飞船发射的背景，以及航天员的基本情况。热点本身就是大家的关注点，文章开头开门见山、单刀直入，能持续吸引读者的注意力。相反，如果不是直接写热点，而是套话、空话，就会造成一部分关心热点事件的读者流失。因为文中没有热点，读者就认为文不对题，这就造成了流量的渗漏。

开门见山式的开头因为与标题呼应，会让文章的整体感更强，逻辑也更连贯，不仅阅读起来也更顺畅，而且能加深读者印象。

9.2.2 金句式

所谓金句式开头，就是把能够一语中的、戳中人心的金句放在开头。把金句放在开头，会让文章的开头更具文采，也能给读者留下更深的印象。比如，文章《当你身处低谷，才能看清这个世界的真相》开头引用的是黄渤的一句话：

黄渤曾在采访时，提到自己成名之后：身边全是好人，每一张都是洋溢的笑脸。

这篇文章的开头用黄渤接受采访的一句话，从相反的角度直接点出了文章的主题，不仅逻辑清楚，也让主题更具说服力。因为这句话有了名人的背书，就与自己表达有了不一样的效果。

金句可以是名人名言，也可以是自己撰写的金句。而把金句放在开头，也体现了整篇文章的价值观和主题，接下来通过文章的展开，对文章主题进行论证，与开头的金句相呼应，从而提高文章的说服力和整体性。

比如，一位学员的文章《41 岁科比空难去世，生前最后一条微博引泪崩：好好活着，比什么都重要……》，开头第一句话就是 8 个字"一觉醒来，永失青春"，这也代表了当时科比去世后，很多人的一种伤心的情绪。

用金句作为开头，有时候能让文章的可读性大大增强。比如，我曾帮一位学员修改过一篇新媒体的开头，就是通过金句来提升文章的说服力的，如表9-1所示。

表 9-1　开头修改成金句式前后范例

开头修改前	开头修改后
当年，秦桧以莫须有三个字将南宋中兴四将之首岳飞诬陷致死时，是否想到他生生世世跪着的结局？ 岳飞死那天，南宋的子民"皆为流涕"，临安府也阴雨不绝。岳飞死那天，"王师北定中原日"，成了南朝遥不可及的一场梦。 ……	"青山有幸埋忠骨，白铁无辜铸佞臣"。岳飞和秦桧都不会想到，死后会永远在一起，只是： 一个人站着，成了英雄，更成了一种信仰，名垂青史。 一个人跪着，成了汉奸，更成了一种唾弃，遗臭万年。 可这一切，冥冥之中早有定数。当年，秦桧以莫须有三个字将南宋中兴四将之首岳飞诬陷致死时，就注定了他生生世世跪着的结局。 一心为国、忠勇无敌的名将，却死在自己人的屠刀下。这是历史上最大的冤狱，也是最大的悲剧和悲哀。 岳飞死那天……

大家对比一下两种开头模式，你更愿意读哪一种。是不是后者更直接，也更能有欲望让你读下去。

9.2.3　故事式

前文我们强调过，相比于平淡叙事，故事的吸引力更大。这种吸引力，同样体现在开头。很多爆款文章都是直接用与主题有关的故事开头，进而吸引读者在轻松的状态下读完文章。

故事式开头通常有以下四种方式：

1. 反常情节

反常情节就是把反常识的故事放到开头，冲击读者的认知，进而产生读下去的欲望。学员一篇"1 000万+"浏览量的爆款微头条，开头是这样写的：

公元前118年，21岁的霍去病，陪姨父汉武帝打猎。刚到甘泉宫，他突然拉弓，对着李广的儿子李敢，就是一箭。李敢当场死亡，汉武帝却说："他是被鹿角触击而亡的。"

这个开头的情节设置很反常，第一个反常在于，霍去病为什么要射杀李敢；第二个反常在于，汉武帝为什么要撒谎。这两个反常吸引读者阅读内容以找到答案。

2. 冲突前置

我们很熟悉作文写作中的倒叙法，就是把一个事件的高潮"冲突情节"放到开头，以引发悬念。

3. 细节与画面感

细节刻画是代入感的前提。通过动作、语言、表情，乃至衣着、周边环境等细节来刻画出一个场景。

我的文章《最高级的聪明，是厚道》，开头是这么写的：

我把李伟拉黑了。

不是在微信和电话里拉黑名单，而是从心里把他除名了。

李伟和我曾是同事，关系不错。去年，他开了一家机油专卖店，多次让我帮他宣传，并拍胸脯保证，质量绝对没有问题，只要是朋友介绍的，就给最低折扣。

这里用了拍胸脯保证的动作，营造出一种给人承诺的画面感，把读者带入其中。营造细节与画面感，不要用多个形容词，而要多用动词和名词，把说了什么话、做了什么事、具体怎么做的展示清楚。

4. 设置悬念

在开头设置悬念，就像钩子一样勾起读者阅读的好奇心。通常采用的办法是，结果先行、话说一半，也就是说把一个客观事实放到开头，但不着急去做解释，一个个伏笔埋下去，等待读者通过阅读文章探索。

比如说，文章《生了女儿，我为什么要更加努力？这位妈妈的回答戳心了！》开头是这样写的：

晚上，和老公吵了几句。

有啥大事，没有。可是，日积月累，就像宿怨一样，一匹看似强大的骆驼被一根稻草压倒了。

老公说，一点小事，至于吗？

我突然就没有了说的欲望，你若懂我，何必我说，你若不懂，我说又为何呢？

第一句，"晚上，和老公吵了几句。"吵了是结果，但为什么吵，却没有说，留下了悬念。如果整个句式变一下，"晚上，我因为一点小事跟老公吵了几句。"是不是悬念感就没有那么强了？

我的文章《"跪着"的老师，教不出"站着"的学生》，开头是这么写的："在一个重点中学里，有这样一位女生。"读完是不是就会产生好奇，这个女生是什么样的？在开头用悬念勾起读者的好奇心，同时读者在阅读文章的过程中逐步解开悬念，也慢慢代入了你的文章。

故事式开头的四种方法如图 9-1 所示。

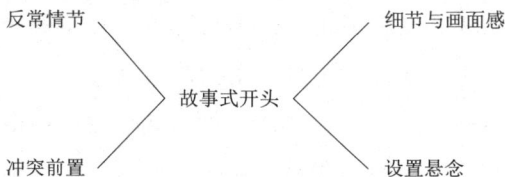

```
反常情节              细节与画面感
        \            /
          故事式开头
        /            \
冲突前置              设置悬念
```

图 9-1　故事式开头的四种方法

9.2.4　名人名著式

名人、名著和影视剧比普通人或者普通事件更具吸引力。所以，用这些关键词作为开头，会让读者更愿意去了解、去阅读。

我的一篇文章《这个世界上，最难的工作是当妈妈》，开头就是用刘烨的微博开始切入的，如图 9-2 所示。

名人的微博往往能引发热议，而引用名人微博的内容更能吸引读者的目光，让读者更有意愿读下去，去了解更

近日，刘烨发微博叙述生活的凄惨：

一个星期了，媳妇带学前班的闺女回法国度假，留下我和小学一年级的儿子相依为命。

儿子说这几天他老口渴，我说明天泡面的酱料咱不加了！

妻子不在家，刘烨和儿子只能靠泡面度日，连一口热乎饭都吃不上。

众人皆知，刘烨工作很忙，家里都是妻子安娜在操持。这一次安娜度假，刘烨体验了一把妈妈的角色，立刻就兵荒马乱起来。

这可能是绝大多数家庭的常态，家里的事情都是老婆的，丈夫哪怕回到家也往往不动如山。

他们认为，家务活很简单，地永远是干净的，衣服有洗衣机，饭菜随便一做就出来了；

他们认为，娃很好带，永远是听话的，永远是不哭的，永远是快乐的；

图 9-2　名人名著式开头示例

多的事情。除此之外，名人故事和名著、影视剧中的情节因为传播更广，具备了知名度，也会让读者产生信任感。

9.2.5　痛点代入式

人们对与自身利益有关的信息，总是会多看一眼。新媒体爆文中，痛点式开头就是通过戳中读者的痛点，激发读者的阅读兴趣。而在阅读时，读者会产生与写作者相同的感受，更容易主动分享到朋友圈。

学员的文章《过年带娃走亲戚，千万别做这5件事！》开头是这样写的：

"妈，今天我能不去姥姥家吗？"

早上准备去吃团圆饭的时候，儿子扭扭捏捏地说。

我愣了一下，因为儿子是姥姥带大的，一向就跟姥姥亲。但今年过年，从昨晚到现在，连续跟我说了几遍，不想出门，哪怕是姥姥家。

开始我还没在意，以为他是想在家里看动画片。

没想到，一聊天，他讲了心里话，听得我眼泪都快出来了：

"每次去姥姥家，你们总是拿我和哥哥姐姐们比来比去。我真的有那么差吗？我这么差劲，还带我出去干什么？"

孩子话没说完，我的眼眶都红了。

原来，我们大人在一起不经意之间的谈论，给孩子内心留下了这么深的阴影。

文章一开始就是一个生活化的场景，而且这个场景是很多父母都会遇到的，串亲戚成了孩子才艺比拼的场所，不经意间也伤了孩子。这种关联性马上就会戳中父母的痛点，并让读者认真地看下去，去文章中找寻解决办法。

痛点代入式开头在干货文章中用得比较多，比如学员的文章《一篇600元稿费文章的修改手稿（附

> Tips：增强读者"与我有关"的代入感，还可以多用"你"和"我"来表述，这样读者会在阅读时潜移默化地产生关联。如果使用生活化场景来代入痛点，写作者的故事一定要符合逻辑，就是说故事讲完后，能让读者感觉到的确有这样的困扰，而不是感觉到逻辑不通或是在杜撰。

原图），看懂了你就……》开头是这样写的：

前几天，我在百万账号家庭杂志上稿了 1 篇 600 元的稿费。

很多小伙伴都来问我，是怎么写出来的。

说来真的很惭愧，这篇文章不是写出来的，而是老师帮助我一步步改出来的。

话不多说，我直接说一下修改过程，看看是否对你也有所启发。

开头直接通过稿费吸引写作者，接下来点评是改出来的，并即将公开"修改过程"，这样就会吸引很多对写作感兴趣的读者继续认真地读下去。

9.2.6 对话式

在开篇直接引用对话，对话的形式能迅速让读者产生代入感。对话要尽量选取直击主题，并具有新奇性的内容，让读者在意外的"对话"中，产生阅读兴趣，情不自禁地跟着写作者的对话往下看。

比如，一篇关于"善良"的文章，开头是这样写的：

昨天，朋友在微信里跟我抱怨："和我搭档的同事特别懒，大事小事都找我帮忙，我自己已经有很多工作了，还要帮他，以至于我经常要加班到很晚！"

我回复他说："那你就拒绝他啊！"

朋友说："同事之间抬头不见低头见，不好这样子啊……"

我说："那他怎么好意思一直麻烦你？"

朋友："可能是我人比较好吧。"

我："……"

这种对话，是不是很像我们工作中的场景呢？而且在对话中，把矛盾与冲突体现了出来，也呼应了文章的主题，留下了悬念，让读者想要知道应该如何去应对。

对话式开头的关键在于，对话

> Tips：用对话做开头时要注意，对话可以是写作者和朋友的对话，也可以是某个热点或者素材中的对话，但一定要简练，不要采用超长句，也不要太啰唆。

要直奔主题、要有爆点，能形成吸引读者继续阅读的钩子，勾着读者往下读。文章《"我们这么辛苦都是为了你"：别让愧疚感，成为孩子一生的负担》开头是这样写的：

昨天晚上，和女儿下楼散步。

平时活蹦乱跳的孩子，似乎心事重重，几番犹豫后开口问我："妈妈，是不是因为我上学，害得家里没钱了？"

我奇怪这孩子怎么啦？

通过孩子的一句话，戳中很多父母的痛点，继而想阅读下去，看看究竟是什么原因导致的。看似一个简单的对话，外加写作者的心理活动，不知不觉之间，就强化了读者的代入感。

9.2.7　提问式

用提问的方式开头，能够迅速吸引读者的注意力。比如，我们在看到问题的时候，会下意识地思考答案。

比如，文章《有远见的父母，都有点心狠》中，开头是这样写的：

成绩代表一切吗？

…………

直接用疑问句，勾起父母们的注意力。紧接着并没有直接回答，而是通过热点新闻继续吸引读者读下去。

使用提问式开头，问题应当选取与主题相关，并能使读者会产生兴趣的问题。提问时，还可以加上读者提问、知乎（网上）热门问题等，以增强问题的吸引力。

比如，文章《你的三观里，藏着你读过的书》中，开头是这样写的：

知乎上曾经有这样一个问题："一个人的三观是怎样慢慢变化的？"

有个回答是这样的："三观一开始受父母的影响，接着受同学和老师的影响，后来受媒体和朋友圈的影响，一步一步变得有自己的三观。"

但我认为还有一点，就是读书。

文章一开始就抛出了知乎问题，然后在答案之外，又提出了自己的观点"读书"，引发读者思考的同时，也引出了主题。

　　提问式开头写完之后，可以通过三个问题来自检：是否引起读者的兴趣；是否形成悬念；是否与主题相关。

> Tips：每个层次的开头都要兼顾吸引读者，同时也要达到层次快速进入主题的目的。

　　以上就是七种常见的开头模板，其实这七种模板并不是孤立的，很多时候是组合使用的。

　　而当熟练掌握开头的写法后，其实就能明白文章的开头都是在造势，既要奠定整篇文章的基调，又要快速地告诉读者这篇文章想讲什么？怎么讲？一步一步地把读者带进自己想要营造的阅读场景中。

第 10 章
六种结尾模板，让读者自觉留言和转发

俗话说："编筐编篓，全在收口。"一个好的结尾不仅能再次升华文章主题，加深读者对文章的印象，而且是读者是否愿意点赞、评论和转发的关键一步。因此，结尾的写作务必重视，力求完美。

10.1 别让文章输在距离读者互动最近的地方

我们常说"行百里者半九十"，越到结尾的时候，我们越不能松懈，越要把它写好。

如果一篇文章标题、结构、开头都写得很好，但结尾却是狗尾续貂，就会降低读者的阅读体验，反映在数据上就是打开率和完读率很高，但点赞数、评论数和分享率很低。这一类的文章最可惜，因为它具备了爆文的条件，却没成为爆文，原因就是输在了最后一步。

大家一定要记住：标题是距离读者打开文章最近的地方，而结尾是距离读者互动最近的地方。试想，当读者阅读到最后，却在结尾的地方突然感到索然无味，是不是互动的欲望一下子就没了。

相反，如果有一个强有力的结尾，能点燃读者阅读全文所积攒的情绪，读者是不是更愿意去点赞、评论和转发呢？

这在心理学上叫作"峰终定律"，意思是如果在一段体验的高峰和结尾，体验是愉悦的，那么对整个体验的感受就是愉悦的。写作上同样如此，结尾的作用不容小觑。而一篇好文章的结尾，要达到以下两个效果。

一是引起共鸣。从认知上看，从开始阅读文章，到逐步深入，再到结尾应该形成一个结果。这个结果就是读者对文章的整体印象，对作者观点的认可和共鸣程度。

二是促成互动，从传播规律上看，结尾是用户进行点赞、评论和分享前的最后一段文字，这段文字如果写得好，就能产生一种"引导性"，引导读者与文章进行互动。

其实，好的结尾是有规律可循的，常用的写作模板主要有以下六种。

10.2　六种结尾模板，触动读者内心的情绪

10.2.1　总结点题式

总结点题式是最常用的结尾写作方式。这种方式在结尾处提炼核心观点、总结全文，让读者再次加深对全文主题的理解，与全文的情绪铺垫相呼应，能提高读者的阅读体验，加深读者的情感共鸣。以我的文章《为什么要生二胎，这是我见过最好的答案》为例，结尾是这样写的：

我们为什么要生二胎？

因为我们知道，我们不可能陪伴孩子一辈子。

因为我们希望在这个世界上，给孩子多留一个亲人，多留一丝温暖。

作家宁静说："花儿凋零忘不了春的温馨，叶儿飘落带不走同根的亲。"

血脉亲情，就是这世界上最温暖的记忆。

小时候嘴里骂你、心里疼你，长大了相扶相伴、关照一生。

无论遇见什么坎坷，我都会想起，还有你。

而如果可以，请告诉彼此，我永远爱你。

这个结尾先用一问一答来总结文章，站在父母的角度告诉读者"我们为什么要生二胎"。然后，又引用作家的金句，进一步升华文章主题。最后，又呼吁行动，告诉读者"而如果可以，请告诉彼此，我永远爱你"。

这就是典型的总结点题式模板，先总结观点、点明主题加深读者对全文的印象；又引用金句进行升华，让读者产生共鸣；最后又立刻呼吁行动，引导读者去把这份爱说出来。

其实，在文章写作中，我们都会围绕中心思想去分层次地阐述很多

观点，在结尾处用简明扼要的语句点明题意、总结文章观点、重温全文的脉络层次，然后再加上一些温暖的或是有力的文字，无疑能加深读者的印象和阅读体验，将读者的情绪调动到最高点，促进读者与文章产生互动。

在这篇文章发布后，很多读者参与留言，这里列出部分留言，如图 10-1 和图 10-2 所示。

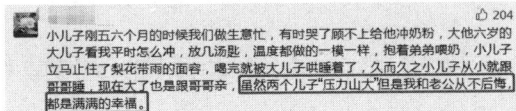

图 10-1　留言（1）

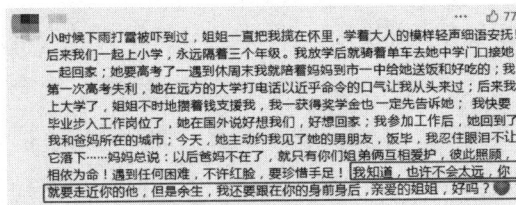

图 10-2　留言（2）

10.2.2　首尾呼应式

所谓首尾呼应，就是在开头讲的内容，在结尾的时候再作呼应，可以让结构完整严谨，主题更加突出，从而加深读者印象，引起读者共鸣。

10.2.3　呼吁行动式

呼吁行动式结尾，就是在结尾处通过行动呼吁，引导读者去做正确的事情。同时，呼吁行动式结尾也是"是什么、为什么、怎么办"（解题式结构）中，最后一步"怎么办"中最直接的一种表现形式。

比如我的文章《父母的底线，决定孩子的未来》中的结尾：

而每个孩子都处在这样的十字路口，往左走，是成为一个善良的、有品德的人，往右走，就可能一步一步地滑入到犯罪的深渊。

而从不轻易原谅孩子的父母，就是在用一道道底线指引孩子走上正途。

父母的底线在哪里，孩子未来的方向就在哪里。

结尾呼吁父母要管教好自己的孩子，用底线指引孩子走上正途，也呼应了标题"父母的底线，决定孩子的未来"。

在呼吁读者行动时，我们还要注意让结尾关联读者，将读者代入其中，才能激起读者的共鸣感。在结尾处，这种关联度越高，读者点赞、评论和分享的概率就越大，因为大家都对与自己有关的事情更有热情和激情。

为了增强文章与读者的关联度和参与感，结尾也要像开头一样，多使用"我"和"你"，就像两个人在面对面对话，让读者感觉到就是在替他说，或者对着他说。当读者产生强烈的代入感后，会自觉地转发和评论文章。

比如，学员的一篇关于"舒适区"的"10 万 +"文章，结尾是这样写的：

奇葩说辩手董婧说，面对失败，最难过的不是我不行，而是我本可以。

深以为然。

你 18 岁，没有考上心仪的大学，会不会后悔，高中时不够努力。

22 岁，没有找到理想的工作，会不会后悔，在大学里只是假装学习。

你 35 岁，被生活压得喘不过气，不能给孩子、家人最好的生活，会不会后悔，在之前的十多年中只是贪图安逸。

决定现在的，是你昨天的选择；而决定明天的，是你今天的行动。

不要被现在的安逸所蒙蔽，其实每个成年人，都是劫后余生；

所有的卓然不群，都是逼出来的，所有的轻松生活，都是熬出来的。

如果你人到中年，被生活压得喘不过气来，那么问一问自己，在之前的十多年中，你是否贪图安逸。

为什么，不要贪图短期得无忧无虑？

为什么，不要迷恋那种得过且过的人生？

只是为了有朝一日，在面对生活的习难时，自己有足够的能力去应对。也有足够的底气说，岁月不饶人，我也未曾饶过岁月。

这个结尾就是通过"你"，营造出一种对话氛围，呼吁大家不要贪图短期的安逸，而应在该奋斗的年纪去奋斗。一篇好的文章应该引导一种正确的价值观，号召和鼓励读者去付诸正能量的行动。

10.2.4　金句式

有金句式开头模板，同样有金句式结尾模板。在结尾处多用有力的金句，不仅能让读者眼前一亮，加深阅读印象，而且能引爆读者的情绪。因为当读者读到文章结尾时，整篇文章的故事、素材已经让读者有了很强的阅读感受，这时如果出现有力的金句，就能激发读者内心的感受，形成强烈的共鸣感，让前文铺垫的情绪在这一刻被点燃。

比如，学员的一篇关于"成年人的崩溃"的文章，结尾是这样写的：

成年人，都是在这个世界中披荆斩棘，砥砺前行。

软肋之处也是铠甲，那些依靠你的人，也是最爱你的人。

就像我们开头视频里的小伙子，最终迎来的是妻子的拥抱和安慰；

就像终日加班的你我，孩子一句"我爱你"就能让所有的疲倦，都烟消云散。

这个世界很难，还好我们不是孤军奋战。

当我们一路穿过风雨，总会明白那句：

"所谓深渊，下去，便是鹏程万里。"

这篇文章讲述了成年人的不容易和坚持奋斗的原因和意义，最后引用木心先生的金句"所谓深渊，下去，就是鹏程万里"，暗喻了成年人当下的艰难，只要熬过去，就是更好的明天。名言的启发性、哲理性让人读起来有一种意犹未尽的感觉，同时提高了文章的深度，引发读者更多的思考。

一篇文章能让读者记住的，除了标题，就是其中有力的金句。结尾的金句对于读者互动和分享有促进作用，很多读者在评论和转发时，会直接复制这些金句。一位学员的一篇爆款微头条（"1 000万+"展现）的结尾是这样写的：

就像林则徐所说："子孙若如我，留钱做什么，贤而多财，则损其志；子孙不如我，留钱做什么，愚而多财，益增其过"。

意思是：如果子孙像我一样（优秀），就没必要留钱给他们。子孙贤能而拥有很多钱财，则会消磨他们的斗志；如果子孙不如我，更不能留钱给他们，愚钝又拥有很多钱财，只会增加自己的过错。

与其给子孙后代留下金山银山，不如教会他们为人处世的经营之道。

家风，才是最好的传承！

结尾中有3个金句，一个是林则徐的名言，另外两个是结尾最后的两句话，都再次强调父母留给孩子最重要的不是金钱。而这3个金句，成为很多读者在评论区留言、分享和转发时用的文案。

10.2.5 提问式

用问句来结尾，也是一种很高明的结尾方法，即把问题抛给读者，让读者主动参与进来去思考答案。其实读者在阅读完全文后，就有了很多自己的观点，看到文章结尾的问题，会主动把自己的观点放在评论区或者是转发到朋友圈。

比如，一篇关于"好好吃饭"的文章中的结尾是这样写的：

中国有句古话"民以食为天"，一蔬一饭，当思来之不易。一汤一水，都要细细品尝。

吃下去，熬过去，纵然世道再难，没有跨不过去的坎。

好好吃饭，可以解决人生80%的问题。

今天，你吃饭了吗？

结尾以提问的方式引导读者互动，让读者在评论区积极地留言，表达自己对文章的看法以及思考。而很多时候，为了能提高读者的互动率，写作者会直接以提问式结尾来带动读者互动。比如，一位学员的一篇爆款微头条（"1 500万+"展现）的结尾是这样写的：

虽然没有大富大贵，也没有惊心动魄，但谭福全活出了生而为人的操守、骨气和尊严。在我眼里，这才是最高贵的人生。

大家说呢？

这个结尾既呼应了开篇，同时也植入了一个反问。最后有1 099个评论，1.6万点赞，1 500多万展现，如图10-3所示。

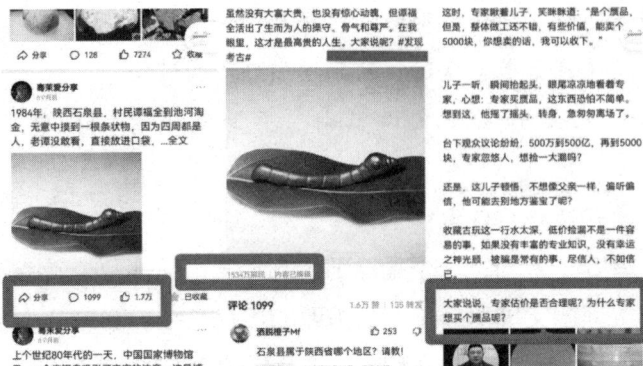

图 10-3　提问式结尾示例

10.2.6　感慨与祝福式

感慨与祝福式的结尾，就是在将文章的主题用祝福（或者感慨）的语言表达出来，触动读者内心的情感。同时，这种结尾也往往采取"我"与"你"对话的形式，让读者感觉到是面对面的表达祝福，从而更愿意参与传播。

比如，一篇关于"钢铁是怎样炼成的"文章，结尾是这样写的：

不管是小说里的保尔·柯察金，还是现实中的奥斯特洛夫斯基，都用自己的一生，践行了书中的这段经典名言。

其实，生活中有不少人像保尔一样，从不被困难压倒，也从不向命运低头。

因为他们懂得：越是艰难处，越是修行时。

愿你无论身处何种境地，都能像保尔一样，永远坚强，永远具有钢铁般的意志。

前面讲了保尔·柯察金的人生经历，由此论证文章的观点"凡是让你痛苦的，都是来渡你的"，最后祝愿读者"都能像保尔一样，永远坚强，永远具有钢铁般的意志"。

这种感慨祝福式的结尾会让读者更愿意转发到朋友圈，因为这既是对自己的祝福，也是对朋友的祝福。

以上六种常用的结尾模板并不是孤立存在的，通常是多种模板融合在一起出现在结尾处，以触动读者内心的情感。

比如我的一篇关于"健康"的文章，结尾用了三句话：

第一句话总结点题"不要总认为你是幸运的那一个，你的身体你不爱惜，就会由命运来惩罚。趁现在还来得及，珍爱自己的身体吧"。

第二句话呼吁行动"规律生活、坚持锻炼、定期体检、心态豁达，才是对自己最大的保护以及对家人最好的爱意"。

> Tips：不管你用什么方法结尾，都必须简洁明了、漂亮有力，切忌长篇大论，一篇文章已经开始收尾了，该讲的实质内容前面也都讲了，到结尾就不要再啰唆了，那样会冲淡正文，喧宾夺主，给读者以"画蛇添足"的感觉，文章的感染力会大大削弱。

第三句话感慨"永远记住，没人会为你的健康买单，除了你和你的家人"。

把总结、呼吁、感慨三个放在一起，不停地调动读者内心阅读文章积累的情绪。

第四篇

情感共鸣，让读者忍不住鼓掌

　　找好选题是写作的第一步，架起四梁八柱是写作的第二步，完成了前两步后，文章就有了基本的框架。接下来就要添砖加瓦，在框架内有针对性地填充素材和表达观点，完成每一部分的写作。每一部分是文章最基本的单元，也是触动读者、感动读者的关键所在。

第 11 章
你的素材，是为了打动读者

经常有学员问："依伊老师，素材与评论之间是什么关系？"其实很简单，素材就是论据，评论就是论点，素材是用来论证论点的。而相比于干巴巴地讲道理，我们往往通过引用事例和数据的方式来打动读者、说服读者，完成论点的论证。所以，用好素材是写好一篇文章的基础。

11.1 运用素材前，这三个问题必须知道

我们搜索到一个素材后，并不是原封不动地将它搬运到文章中，而是根据文章主题对素材进行取舍、增删、变换表达角度等。而在写作的过程中，一定要注意以下三个常见问题。

11.1.1 不要写成流水账

很多新手写作者刚开始写作时，常犯的一个错误就是把文章写成流水账，简单地按照时间顺序罗列发生的事情，平铺直叙地讲述，这样创作出来的文章平淡且没有重点，让读者感到乏味无趣。比如，下面这段描述一天生活的文字：

7 点起床，吃早点；

9 点到公司，打卡；

12 点午休，吃午饭；

17 点下班，开车回家。

大家看完后是不是觉得很枯燥，也没有什么记忆点。所以在写作时，

一定要改变"流水账"的写法，做到有详有略，把能深刻反映文章主题、展现矛盾冲突的情节详写，给读者展现看得见、抓得着的细节，让读者的目光有落点。比如，同样是写一天的上班生活，我们可以抓取一个重点来写：

上午9点，小李被叫到了办公室，张经理指着桌上放着的20万元现金说："签字吧，都是给你的。"小李站着没动，扫了一眼离职协议，不紧不慢地说了一句话，张经理立刻脸色一变，又快速地从抽屉里拿出20万元。

是不是后面这个可读性更强，不仅抓住一件事详写，让文字具有画面感，还通过细节"话说一半"的技巧设置了悬念，让读者愿意继续阅读下去。

11.1.2　内容取舍得当

俗话说："弱水三千，只取一瓢"。写作也是如此，一个素材包含的细节可能非常多，我们写作时不需要做到面面俱到，而是选取服务文章主题的细节。这里以我写的一篇老兵人物稿为例，我并没有把一个老兵一生所有的故事都写在文章里，而是有所侧重地进行了取舍，如图 11-1 所示。

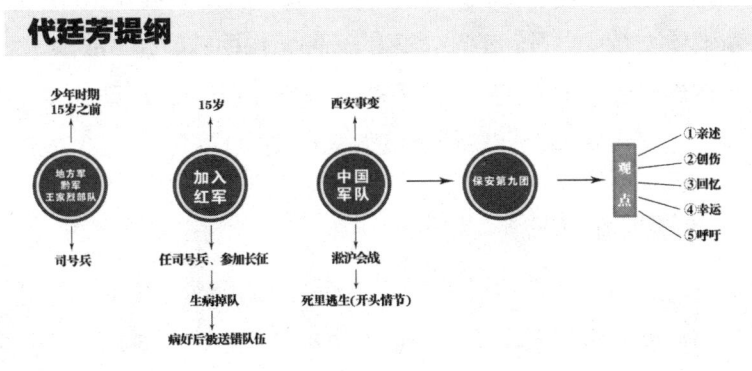

图 11-1　有侧重地取舍

文章要详略得当，在写作时要从主题出发，跟主题相关的详写，跟主题不相关的略写或者不写。

11.1.3　要精简写作

很多新手写作者在刚开始写新媒体文时，会绞尽脑汁地使用夸张的辞藻、复杂的修辞，以显示自己的"文采"。其实，这些都是错误的，因为新媒体文首要的目的是便于阅读，建议尽量做到精练简要。比如，"正如19世纪俄国著名作家亚历山大·谢尔盖耶维奇·普希金所言"，就可以表达为，"正如俄国著名作家普希金所言"，也可以表达为"正如作家普希金所言"。

因为对于读者而言，他更关心的是后面要说的是什么，即写作时抓住语句主干，删除枝叶，表述尽量简练。

比如，"碧绿色的草原上雄赳赳气昂昂地奔跑着一匹黑色的骏马"，可以删减为"草原上奔跑着一匹骏马"，并不影响意思的表达。

一篇文章的篇幅是有限的，所以我们要尽力做到精简表达，把更多的篇幅放在深挖事件细节和提升文章深度上。

11.2　七种实操方法，让故事戳中读者的痛点

新媒体写作中的素材运用，是以举例论证为主，数据及道理引用为辅，因此在新媒体文章中，看到的最常见的一种结构模式就是"故事 + 观点"。在这种结构模式中，只有前面的故事戳中读者的痛点，打动读者，后面的观点才能引起读者共鸣。我总结了以下7种实操方法。

11.2.1　故事脉络清晰

故事条理清楚，读者看起来才会顺畅，才能看懂故事的脉络结构和前因后果。如果读者看得云里雾里，自然也不会被故事所触动，也就失去了阅读兴趣。故事表达有以下两种常见结构。

1. 直叙结构

直叙结构就是按事物发展的先后顺序进行写作。这种结构中，事件怎么发展就怎么写，让读者一目了然，也是我们前文所讲的时间线结构。但

使用直叙结构，要避免流水账式的罗列，把反映文章主题的细节突出出来。比如我的文章《"跪着"的老师，教不出 "站着"的学生》中，讲了我爱人的故事：

被管教的孩子委屈了一时，却会感恩一世。

我爱人就是一个明显的例子，有一年同学聚会，他特意请假坐飞机回去，就为了对班主任当面说一声感谢。

初中时，他正值青春叛逆期，不爱学习，要么逃课出去打网游，要么在课堂上看小说。

可班主任却毫不手软，请家长、家教、站旗杆，一套组合拳下来，再烈的野马也被管住了。

老公迷途知返，考上了重点高中，后来又考上了大学，现在有了一份体面的职业和不错的收入。

在聚会上，他对班主任说：老师，说真的，当年我恨过您，但现在，我最感谢的就是您。

如果没有您悬崖勒马，今天我可能还会像父辈那样，面朝黄土背朝天。

从初中到高中，再到大学、毕业后，直至回去聚会，按照事件发生的先后顺序进行直叙写作，但跨度十几年的事情，我把重点放在几个细节上，既提高了故事的可读性，也为后面输出观点做好铺垫。

但其实，我们也看到在一开始，也运用了倒叙的模式，把聚会提到了开头。

没想到，我话音刚落，儿子立刻就泪崩了。真的，那眼泪哗哗地就下来了，我完全没料到。

他抹着眼泪特委屈地说："就是你的错！可是你一直都不承认！"

我按照事件发生的先后顺序进行直叙写作，但一个学期的事情很多，我把重点放在几个重要的细节上，既提高了故事的可读性，也为后面输出观点做好了铺垫。

2. 倒叙结构

倒叙结构就是把事件的结局或某个重要的、吸引人的片段提到故事的开头，然后再按事情的先后发展顺序进行叙述，以此增强故事的吸引力。

这种结构的应用也很广泛，比如把热点素材放在开头，然后再描述前因后果。

开头采用倒叙方法后，后面的内容就要采用直叙方式进行叙述，并回应开头倒叙留下的悬念。这样的写法会让读者阅读起来有起落感。

11.2.2 冲突、阻碍、行动和转折

故事的核心是什么？是冲突，是讲故事时推动情节发展的因素。前文讲述了冲突的不同形式，在故事写作中，还表现为阻碍某件事顺利完成或者某个角色顺利发展的事件。这种阻碍能够促使读者产生"好奇心"，即接下来会发生什么，也就是角色在遇到阻碍之后，会采取什么行动，以及这个行动会导致事件发生什么转折。

比如，我的一篇关于"某位名人"的文章中，就突出了这些元素，比如第一个故事：

××出身演艺世家，19岁时恰逢上山下乡，没能上大学，而是被派到昌平插队喂猪。结束插队后，他报考电影学院、戏剧学院以及各个文工团，却屡战屡败。（遇到阻碍）

能想象，这对于一心演戏的小伙子，打击有多大。

最后，还是其父亲亲自出马，指导他创作了小品，（行动）然后打动考官，被某文工团录取。（转折）

但进文工团后，近十年时间，他一直跑龙套。（遇到阻碍）

眼见身边人一个个都红了，他却还在为能有一句台词而努力。

就连父亲都委婉地劝他转行，（遇到阻碍）但他尽管不得志，却从未选择放弃。

抓住能抓住的所有机会，哪怕没有台词，也要琢磨怎么演才能让角色更逼真。（行动）

就是在这种"等待"中，他等来了演电影的机会。（转折）

这段文字中，可以看到角色遇到的一个个阻碍，以及所采取的行动，最后迎来了转折，整个故事一波三折，始终吸引读者的目光，如表11-1所示。

表 11-1　障碍、行动与转折

序号	阻碍	行动	转折
1	××报考电影学院、戏剧学院以及各个文工团，却屡战屡败	父亲指导他创作了小品	打动考官，被某文工团录取
2	进文工团后，近十年时间，他一直跑龙套	抓住能抓住的所有机会，哪怕没有台词，也要琢磨怎么演才能让角色更逼真	就是在这种"等待"中，他等来了演电影的机会
3	连父亲都委婉地劝他转行		

其实文章就像影视剧一样，主人公一定要遇到重重险阻才精彩。而在故事中，冲突、阻碍、行动和转折都是故事的高潮点，而一个个高潮点串联起来，读者自然而然地就会被故事所吸引。因此，在写作时，写作者要善于寻找有这些因素的素材，同时善于抓准素材中的关键点。

11.2.3　画面感与特写镜头

唐代诗人王维的作品被称为"诗中有画"，比如经典名句"大漠孤烟直，长河落日圆"，短短十个字，就营造出一幅独特的大漠落日的画面，让文字散发出生机和活力，给读者视觉上的刺激和广袤的想象空间。

那么，怎么做到有画面感呢？其实很简单，用特写镜头，即截取故事某一个细节，通过文字详写的方式让故事细节更饱满、更形象，以此吸引读者的注意力，并感染读者。

1.用特写镜头展现细节

把特写镜头对准一个人或者一件事的某个细节，通过放大细节画面，吸引大家的关注。如学员的这段描写：

那个区域经理，一米八的大汉，始终低着头站在那里，一言不发，并且脸上看不到一丝不悦。只是不经意间，我看到他的拳头握了握，又松了下去。

大家看，这句话把特写镜头放在了双手上，与低头的动作形成对比，是不是刻画出了一个人的隐忍。在让读者感同身受的同时，也传递出成年人"为了生活，必须要忍住委屈"的观点。

写文章，尤其是要向观众传达某一种情绪时，不要只是简单地写结果，更不是简单地使用形容词或者程度副词。如果把上面这段话改成"那个区域经理很生气，但是他忍下去了"，读者阅读起来就会很抽象，感受不到故事所传递的情绪。所有的情绪都是因为事件本身的细节才触发的，因此要给细节以特写，就像学员在文章中引用的腾讯纪实《中国人的一天》的对话：

有一次，阿英给双胞胎妹妹梳头，妹妹哭着说："没有笔了。"

阿英回答："问姐姐借两支，等一下有时间了再去买，好不好？"

妹妹接着说："妈妈就是没钱。"

那一瞬间，阿英无言以对，脸上写满了愧疚。

这对对话，把一位母亲的窘迫展现了出来。放大细节，其实就是把那些触动你的细节，比如小动作、对话、表情等详细地写出来，放大展现给读者，让这些细节给读者形成一个画面。

2. 用特写镜头展现动态变化

用特写镜头把高潮部分中极短时间内发生的动态变化记录下来，既能通过动态的语言给文章带来动态的活力，也能让读者在脑海中产生动态的画面感。比如，学员这篇"1 000 万 +"展现的爆款微头条中是这样写的：

忽然，房内产婆大喊："生了生了！"

窦容一下精神大振，开心得忍不住说："太好了，太好了，终于……"

"终于生了"四字还没说完，房内又是一声尖叫，然后听到一个物体落地的声音，接着门突然打开，产婆跟一丫鬟从门内慌张得冲了出来，差点撞上门外的窦容。

窦容问："怎么回事啊？你叫什么？孩子呢？"

产婆还是一脸惊恐，颤抖着声音说：……

短短一瞬间内发生的所有动态变化都被写出来了，让读者可以在脑海里脑补出一幅动态的紧张的画面。这段文字中，大家可以看到很多动词，喊、说、尖叫、落地、打开、冲出来……，这些动词串起来形成一连串的动作，画面感立马就会呈现在读者面前。

相比于无变化的静态描写，读者的目光会随着动态变化而关注接下来会发生什么，注意力不容易被分散，也不会产生阅读疲劳。

3. 用特写镜头展现关联物

除了动态的变化，还可以搭建出场景，通过关联物触发画面。比如下面这段话：

有一次她为了买打折的大米，骑着自行车穿过了整座城市，就为了省10元钱。

骑着自行车就是关联物，我们假设去掉这句话，大家是不是就会觉得画面感变弱了，带来的情绪体验也没有那么深。

为什么要设置关联物呢？因为很多常见的物品可以自然地关联到读者的生活场景，比如自行车。

> Tips：文字的篇幅是有限的，所以特写镜头一定要放在刀刃上，通过特写镜头展现的是画面，引爆的是情感。

11.2.4　学会归纳

归纳是一种推理方法，由一系列具体的事实概括出原理，为下一步论证观点奠定基础。归纳的重点是找到若干具备共性的素材，继而把这种共性展现出来。

比如文章《守时的人，最值得深交》中，在第一个部分"守时，才能获良友"中，使用了两个素材。

素材 1：

知乎问答上，有人问：

"有一好朋友，每次去找她总是不守时，理由很多，生气过好多次也不管用，是不是友谊到了尽头？"

有个走心回答说："友谊是否到了尽头得你自己决定，但我可以肯定的是，她没把你放在心上，对你既不尊重也不够珍惜。"

素材 2：

《世说新语》里，记载着一则"陈太丘与友期"的故事。

元方的父亲陈太丘与朋友约好一起出行，约定的时间在正午。可直到过了正午，他朋友还是没到。见此，陈太丘便离开了。陈太丘离开后朋友才到。

当时年仅七岁的元方，正在门外玩耍。陈太丘的朋友便问元方："你的父亲在吗？"元方回答道："我父亲等了您很久您却还没有到，已经离开了。"

陈太丘的朋友便生气地说道："真不是君子啊！和别人相约同行，却丢下别人先离开了。"

元方说："您与我父亲约在正午，正午您没到，就是不讲信用；对着孩子骂父亲，就是没有礼貌。"

友人闻言羞愧难当，立即下了车想和元方握手致歉，不料元方却头也不回地走进了自家大门。

围绕这两个素材归纳出共同点，"不守时的人不值得交，守时才能获良友"。这种共性，也让文章的观点更具说服力。

11.2.5　运用对比

对比是一种常用的写作手法，把两个相反、相对的人或物放在一起，通过好与坏，善与恶，美与丑的对比与衬托，给读者以更深的印象。

比如，学员在写关于"不吃读书苦，就吃生活苦"这个小观点时，运用的素材：

1 月 5 日，读高二的闫某和妈妈闹了矛盾，一气之下买了张车票，离家出走去往郑州。

为了生存，他在一家饭店找到一份包吃包住的工作。端端盘子，洗洗碗，月薪 4 000 元……

起初，闫某非常满意，满怀期待。他觉得，自己终于可以靠自己赚钱谋生了。

谁承想，在这里，从早上 9 点半到晚上 10 点半，他每天需要工作 13 个小时。

洗碗、端盘子、洗碗……工作虽然简单，却忙到飞起。

坚持了两三天，闫同学扛不住了，他主动联系了妈妈，认错道歉。

回到学校，他不禁感慨："还是读书好！"

通过一个学生前后"不读书离家出走"和"还是读书好"的变化对比，更能说明观点"相比于生活的苦，其实读书的苦并不算什么"的正确性。而且这样的故事，很多父母也希望自己的孩子能看到，并珍惜读书的时光。

11.2.6　增加真实感

有些文章发表后，很多读者会在评论区指出文章的问题，对内容的真实性进行质疑。所以，在运用素材时，必须增加真实感，提高读者对文章的信任度。

1. 逻辑自洽

逻辑自洽是指前后叙述不矛盾，符合事物发展的逻辑。如果我们在运用一个素材时，因为自己取舍或者表述不当而造成文章前后矛盾、经不起推敲，最终要么被编辑拒稿，要么发表后读者阅读体验感不好，甚至被读者直接批评。

我有一个学员在投稿后，就直接被编辑指出了逻辑问题，如图 11-2 所示。最终在更换故事后，文章才得以发表。

在运用素材时，我们首先要有一个判断，该素材是否违背生活常理？是否有逻辑上的跳跃？是否与前文保持一致？只有逻辑自洽，才能运用到文章的写作中。

图 11-2　与编辑的对话

2. 有据可查

在素材搜集的方法讲解中强调过，素材的来源都是要有根据的。这种根据，要体现到写作之中。

一是表明出处。很多文章中都能看到类似的表述："知乎上有个网友分享了自己的故事""豆瓣有个网友讲述了自己的经历"，如果去掉"知乎""豆瓣"，网友可能会产生疑问，这是不是作者虚构的故事。

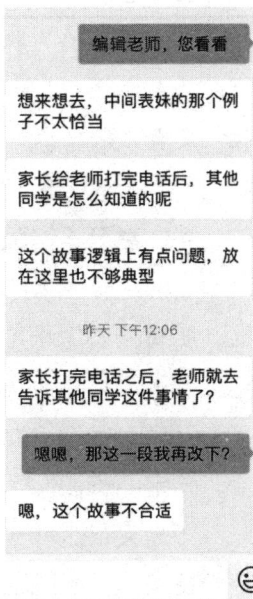

而有了出处，读者知道这个故事是可查的，也是可信的。在写作中，素材来源可能是这些网站，也可能是电视节目，又或是某本书，尽量表明出处。

二是突出名字。有名有姓往往也意味着更真实，包括人名、地名、书名等，写出来后，再对比"我的一个朋友""我去过的一个地方""我读的一本书"，是不是更能增强真实感。

名字自身的知名度，也决定着读者的信任度。比如，名人素材的真实感大于普通人的素材，这是因为名人素材一般网上可查且知道的范围较广，读者会下意识产生信任。比如，某位名人的获奖感言：

"女人不要为取悦别人而活，希望你能为自己而活，每个人的一生只有一次前半生的机会，勇敢地、努力地去爱、去奋斗、去犯错，但是请记住一定要成长"。

其实，这个道理是父亲告诉她的，为此甚至不惜跟她发生争执。

当时这位名人刚生下第一个女儿，所有的心思都用在孩子身上，连工作邀约都是一推再推。

父亲对她说，女人一定要有工作，一定要赚钱。

> Tips：有时候我们引用身边朋友的故事，觉得直接提名字不好，可以用化名处理，并对朋友的故事进行提炼和升华。

正是父亲这种一直以来的态度，让她明白，她的身份是妈妈、是妻子，但更是自己，所以她越活越精彩。

这位名人自身所取得的成就是有目共睹的，读者不会产生什么怀疑的想法，而这种成就也证明"越活越精彩"这个结果，所以整个素材带给读者的真实感会比一个普通人更强。

3.引用当事人的话

世界上最好的台词，就是真实生活中的对话，这些对话是很难被虚构出来的。我们强调真实感，但最真实的就是真实发生的，抓住现实中那些触动人心的对话，对于写作时呈现文章主题和打动读者是很有帮助的。

11.2.7　增强代入感

什么是代入感，就是阅读文章时，读者会下意识产生代替文章人物，进而产生身临其境的感觉。有代入感的文章，读者会进入文章的情景，而且会主动互动和转发。那么如何让读者产生代入感呢?

1. 第三人称叙述

大家看一本小说时经常爱不释手，就是因为把自己切换到了主角身上，对主角下一步的发展很关心。

小说《白鹿原》的第一句话"白嘉轩后来引以豪壮的是一生里娶过七房女人。"接下来就是以第三人称"他"来展开白嘉轩的经历，读者在阅读时慢慢地就代入到人物的故事中。新媒体写作中也多以第三人称展开故事。故事首先要有一个主人公，通过事件冲突来推动场景不断动态变化，以此吸引读者。

在叙事上，很常见的写作错误是没有以第三人称来动态展开故事，而是以一个旁观者的角度做背景表述或者人物介绍。比如，学员的一篇软文是这样写的:

老家的小区进驻了一个菜鸟驿站。规模不大，一楼的一个车库和半个院子，很整洁。负责人是个"90后"的年轻女孩，很能干，因为家住楼上，时间灵活，而且经常有同学来帮忙，服务特别到位。

有一天，她正在打包快递，用的胶带上的照片引起她的注意，她变得有点愤怒，居然用小孩的照片，直到她看到下面的一行字，原来是寻找走失儿童"爱心胶带"。

整段文字是站在一个旁观者角度进行介绍，文字都是静止的，对读者而言缺乏代入感，文字也就缺乏了可读性。

在写作时，我们要减少静态的人物介绍和可有可无的叙述，找准主人公，然后以主人公的视角动态展开故事，加入动词和细节:

"驿站负责人蹲在地上打包快递，一边用胶带密封，一边贴上快递单，不经意间看到胶带上居然有孩子照片，不由得眉头一皱。接下来，她看到照片下面的一行介绍失踪儿童信息的字，不由得沉默了。"

修改后的文字直接以第三人称来叙述，并通过动作、表情等叙述，让文字更生动，代入感和可读性更强，营造出一种画面感。

2. 普遍性原则

无论是写故事，还是使用其他素材，都要思考是不是具有普遍性。如果说你的文章像论文，在细分领域特别深入，那么对于除这个领域的专业人士外，其他普通读者是很难产生代入感的，因

> Tips：在推进故事的过程中，一定不能让故事变成静态的介绍，因为静态的介绍，读者很难产生代入感，且容易形成阅读疲劳。

为距离他们的生活很远。同样，如果文章内容与大多数读者的认知或经历不同，那么代入感就不会强。比如下面这两段文字：

（1）一个中年男人发现自己压力很大，一边是自己工资不高，但面对职场的不如意，还要强颜欢笑；一边是养家的压力，上有老下有小，自己感觉到支撑不住，焦虑无比。

（2）一个中年男人事业有成，完全实现了财务自由，家里面也是媳妇贤惠，孩子听话，其乐融融，烦恼就是孩子太上进了，不知道劳逸结合放松自己。

这两段文字哪个更有代入感？肯定是第一个，因为对于大多数普通人来说，第一种情况更常见。而第二种情况只是极少数的状态，很难产生代入感。

所以，在选择故事之前，要站在读者角度思考，是否为大家所熟悉，是否具备普遍性？

比如，我曾写过一个这样的故事：

我曾在老家听过一个故事：有个人考上了县城的公务员，在某部门里当科长。

村里找他办事的人络绎不绝，有的是为了孩子上学，有的是为了家人看病，有的则是为了给家人找工作。

虽然他一直尽心尽力地在办，但毕竟能力有限，不能面面俱到。结果，很多人都在非议他。

特别是有一次，他舅舅想让他违规帮表弟安排职位，他表示无能为力。

舅舅就大骂他：翅膀硬了忘了本，不讲亲情只认钱。

最后，他母亲冲出来怒斥：你为了儿子有工作，就要让你的外甥去犯罪，犯罪是要坐牢的，你知不知道。

舅舅才悻悻而退。

这个故事的内核是关于道德绑架，很多人在生活中遇到过这种喜欢道德绑架的人，所以发文后很多读者在评论区"吐槽"类似的经历。

3. 关联性原则

一段文字要产生代入感，就要尽量与读者产生关联，因为大家对与己有关的事情更关注。这好比看奥运，有没有中国选手参加，我们的关注度绝对是不同的，而如果更进一步，选手是我们的亲戚／朋友，那关心的程度就更不一样了。而想要与读者产生关联，可以使用以下 3 种方法。

（1）语境关联：采用生活中的故事时，这个故事要与"我"产生关联。这样读者在阅读时，也就有了关联感。

比如："我有一个朋友"，是在新媒体文中经常看到的一句话，读者看到这句话会产生亲切感，会增强关联感。

（2）地域关联：在写作文章时，如果涉及地名，可以直接写出来，比如，出生长大的地方是故乡，上大学或者工作生活比较久的地方是第二故乡、第三故乡，即便是曾经旅游、出差到过的地方，也会是一段深刻的记忆。比如：

昨天，抖音上一个短视频火了，昆明南站人山人海，感觉大半个中国的人都来昆明避暑了。

20 多摄氏度的天气，加上凉风阵阵和不期而遇的小雨，整个暑期的快乐，一定在昆明。

这段话写到了昆明，会让曾到过昆明旅游的人怀念起昆明的天气，也会让昆明当地人为当地的气候感到自豪。只是一个简单的地名，就让很多读者感到亲切感。

（3）痛点关联：我们的目标读者往往是一个群体，如亲子文的目标读者群体是父母，职场文的目标读者群体是职场人士等。在运用素材时，要把戳中目标读者群体痛点的细节展现出来，读者就会更关注。

4. 丰富性原则

新媒体文也在不断地迭代中，在第一个阶段，很多爆文中都是"我的朋友"，但过一段时间后读者就已经审美疲劳，所以在素材采用上要注意立体感。一篇文章的故事可能有 3 ~ 5 个，既有名人、名著、影视剧的案例，也有普通人、身边人的案例。

因为如果都是前三者，距离读者的生活就会比较远，会让读者产生距离感；都是身边人的例子，就会被质疑真实感，所以区别性地搭配素材，会让读者代入感更强。比如下面这篇关于道德绑架的文章中的一个故事：

2012 年上映的电影《搜索》里，由高圆圆扮演的女白领叶蓝秋检查出自己身患癌症，一直处在恍惚和恐惧中，以至于没有及时向一个老人让座。

结果被人拍下并且曝光到电视、网络上。

很快，铺天盖地的网络暴力冲她而来。最后，不堪重负的叶蓝秋选择了极端方式。

这是电影故事，也是……

前面是电影，后面是一个普通人因道德绑架被伤害的故事，不同类型的事例，由远及近地证明了道德绑架的危害性是普遍存在的。

写故事的能力决定了我们新媒体写作的能力，只有故事写得好，文章才容易感染人、影响人，才能形成传播力。

第 12 章
你的评论，是在替读者说话

评论不仅是作者在表达观点和看法，同时也是文章的引爆点。一篇文章可看成两个部分，一部分是素材，包括人物故事、数据引用等；另一部分是评论，作者结合素材表达自己的观点。如果读者被前面的故事素材所感染，又被后面的评论所触动，特别是这些评论还讲出了自己想说但没有总结好的话，自然就会产生强烈的共鸣感。

12.1 紧贴素材，评论都是素材的延伸

如果你经常看辩论节目，一定会有"神仙打架"的感觉：刚被第一个人的观点说服，结果又被第二个人针锋相对的观点说服。为什么相互矛盾的观点却都有这么强的说服力，就是他们表达的角度不同，借助的素材也不同，最终论证的观点都具有很强的说服力。

比如，《奇葩说》有一期辩题是"如果有一种芯片技术，可以让全人类大脑一秒知识共享，你支持吗？"

作为正方，辩手陈铭举了某美剧的例子，"知识在我的理解，是我们的眼睛。一个叫迈克的主角，走进了监狱，那一瞬间我才发现，迈克是建筑学家，他看到的监狱，跟我看到的监狱，根本不是同一个监狱。我作为观众，画面在我眼前掠过，看到的是囚牢、操场，移动的犯人和狱卒，迈克看到的是通风管道，下水管道，紧急通道，他看到了墙背后所有的东西。这个时候，我意识到建筑学家与我们因为知识框架的不同，我们看到的是两个不一样的世界。"（引出观点）

前面论述迈克和"我"对同一个监狱看到的不同画面，然后引出了针对性的评论"建筑学家与我们因为知识框架的不同，我们看到的是两个不一样的世界。"因为前面列举确凿、有针对性的事实，并通过对比手法完成论证，让紧密贴合素材的观点更容易被接受。

> Tips：特别一提的是，陈铭讲述电视剧时，巧妙地使用了通风管道、囚牢、操场等关联物，观众听他举例时，脑中充满画面感，所以观众能很快明白为什么"知识让人看到的世界不同"这个点。

写作也是如此，要根据我们引用的故事、数据等素材有针对性地开展评论。如果先有观点，就要围绕观点去搜索合适的素材，再根据素材精准地表达观点。

只有将引用的素材与展开的评论紧密结合，读者因为前面的故事所铺垫的情绪，才能被后面的评论所引爆。

12.2 写好评论的三个方法

你对一件事有观点，这不能证明你的观点就一定有价值。但你对一件事的看法比读者想得深、看得透，就能给读者带来启发和收获感，让读者迅速对文章产生好感。因此，只有写好评论，才能让文章完成最后的闭环。我将写好评论的 3 个方法总结如下。

12.2.1 充分掌握素材

新媒体写作领域有一个共识，"掌握 10 万字的素材，才能去写一篇 5 000 字的文章"。这不仅是因为我们要从中选取合适的素材进行创作，还因为只有掌握足够的素材，我们才能对一件事看得更全面、更客观、更深入，也才能由此思考出更有深度的观点。

如果素材掌握得不够全面，很可能造成"管中窥豹"，对一件事形成了片面的认识。而在信息快速传播的当下，很多时候，事件出现所谓"反转"，就是因为更多信息被披露出来，而一些"中招"的自媒体作者，不仅会被读者反感，也会被平台封杀。

12.2.2 学会借势

很多新手写作者在写作时，总觉得自己的评论深度不够，遇到这样的情况怎么办？如果大家经常拆解爆款文章就能发现，很多爆款文章中都会引用名人名言、官方数据或者专家观点。

这是因为相比于普通人，名人名言、官方数据、专家观点，代表着权威，会让读者感到信服，更能提升文章的说服力。

比如说拾遗的一篇关于"女性"的文章中，名人名言、专家观点比比皆是：

投资大师罗杰斯，

曾经写信告诫女儿：

"这个社会的德行和良心，

并不一定蕴含在那些金光闪闪的人身上。"

> Tips：引用名人名言，也必须要和素材部分契合，切忌生拉硬拽。对于名人名言，大家可以平时摘抄积累，也可以写作时在网上搜索。

尹丽川说过一句很有意思的话：

"考察一个男人的政治观，不如和他谈论女人。"

心理学说："没有口误，都是内心的折射。"

……

在写文章时，也可以引用一些官方数据。比如在文章《2020 结婚大数据曝光：婚姻的真相，到底是什么》中是这样写的：

据民政部数据：

2020 年结婚登记 813.1 万对，比上年下降 12.2%；较上一年减少了 112.9 万对，这也是结婚大数据连续降低的第七年。

另外，25～29 岁人群正式接替 20～24 岁人群，成为新的结婚"主力军"。

权威部门的数据列出来之后，现代人越来越不愿意结婚的总结和评论就已经得出来了，而且这些数据客观、真实，读者更容易产生信任感。

12.2.3　深入浅出

很多人觉得深度的论述与观点就要艰深晦涩，才能显出自己的专业。这种想法是错误的，如果文章中都是高深莫测的概念、看都看不懂的专业术语，读者能看下去吗？

新媒体写作需要的是深入浅出、通俗易通，一些生僻字词都要换成普通语言来讲，就像手机发布会一样，各种高端黑科技最好都转化成用户听得懂的语言来表述，比如说摄像清晰度、芯片处理速度等。

越是用浅显易懂的语言讲出的深刻道理，越能引起大多数读者的认同。比如，作家连岳的文章《要为复读的女友放弃北大吗？》中，面对一个高三学生的发问：

自己考上了北大，但女友却因差一点而未被'录取'。女友要复读，还想让他一起复读，该怎么办？

如果换作其他写作者，可能会从在北大学习的价值、爱情的不确定等方面来回答。但是连岳的回答，却是从"分开一年，对你们的爱情有好处"出发，讲述"好的爱情，愿意对方变得更好，我也要为对方变得更好""好的爱情应该是高质量地在一起，而不是为了低质量地在一起""任何一个人先在学问、事业上突破，都是对爱的贡献，可以帮助爱的人""如何给对方安全感"等方面，通俗易懂地进行了回答，阅读量比平时高出好几倍。

12.3　七种金句模板，让你一句顶一万句

有的文章我们看过一遍就忘了，有的文章我们看完后不仅印象深刻，还会转发到朋友圈。其中的差别，很大一部分原因就在"金句"。

什么是金句，顾名思义，就是像金子一样有价值的句子。第一是戳心，同样一个观点，用不一样的句式说出来，效果会大不一样。使用金句更加深刻，特别是在前文故事做好情绪铺垫后，作者的观点是否深刻、易记，直接关系到能否让读者产生共鸣，引爆内心积累的情绪。第二是促进互动。读者转发文章时，往往要先在朋友圈写两句话，直接复制文章中的金句可

以省去很多思考的时间，而且显得特别深刻，吸引朋友来点赞互动。

金句放在标题，能吸引读者点击或转发；放在开头，能吸引读者阅读；与故事搭配，能触动读者情绪、产生共鸣；放在结尾，能引起读者互动……

而金句写作是有规律的，我总结了以下七个金句句式。

12.3.1　对比句式

对比句式中，通过前后句设置对比较强的词语，进而产生强烈的反差感，加深读者的印象。比如，卓别林的经典名言"人生近看是悲剧，远看是喜剧""近看对远看，悲剧对喜剧"都是对立的。

使用对比句式，需要根据文章内容提炼关键词。就像《后会无期》中讲述一起长大的年轻人，在成年后遇到不同人生际遇的故事，在最后提炼了两组对比的关键词——小孩对大人，对错对利弊，放在一起就是金句"小孩才分对错，大人只看利弊。"

在对比句式中，表达并列关系的关联词有"没有，只有""不是，而是"等出现的频率很高，比如：

没有最好的婚姻，**只有**更好的自己；

没有人不辛苦，**只是**有人不喊疼；

最快的脚步**不是**冲刺，**而是**坚持；

不是发际线在后退，**而是**我在前进。

在对比句式中，通过前后之间的鲜明对比，先抑后扬，让观点的表达更加深刻。

12.3.2　递进句式

递进句式中，前后句的关系是递进的，后面的分句比前面的分句意义更深，通过这种衬托，也让读者的印象更深。在递进句式中，常见的递进关联词有不但、不仅、而且、并且、更、以至、况且、尤其、还……比如，下面这几个句子：

别人这么努力是为了生活，而我这么努力是为了生存。

当你觉得无处可去，还有一个地方——家。

12.3.3　转折句式

转折句式中，前后两个短句形成强烈的转折，通过前后的反差感，让句子引人深思。常使用的转折词有"但是（但）、然而、可是（可）、却、只是、不过"等。比如，下面的几个句子：

没有什么是容易的，但坚持下来的都不会太差。

你可以喜欢一个人而低到尘埃里，但没有人会喜欢低到尘埃里的你。

有时候上天为你关上一扇门，不要生气，他只是为了让你在家好好收快递。

…………

12.3.4　因果句式

因果句式中，一般前句说原因，后句讲结果，前后有迹可循，搭配对应的故事，更具说服力。比如，下面的几个句子：

因为专注，所以专业。

因为爱过，所以慈悲。

因为懂得，所以宽容。

…………

有时为了提高金句的可读性，会把因果关系设置得更出人意料，进而巧妙地形成一种悬念，吸引读者看下去。

比如：

因为懂事，所以委屈。

因为相欠，所以遇见。

因为五毛钱，我把同事拉黑了。

…………

因果句式中，为了进一步制造意外，还可以把因果关系颠倒，先说结果，再说原因，比如下面的句子：

今天一定要过好，因为明天会更老。

我喜欢钱，因为我没吃过钱的苦。

12.3.5　排比句式

写文章时，排比句是最经常用的句式，两个或者三个相同的句式排叠而出、语气一贯、节律强劲，既加强了语势，也完成了情绪上的升华，引起了读者的共鸣，比如下面这几句话：

阅读使人充实，会谈使人敏捷，写作使人精确。

为众人抱薪者，不可使其冻毙于风雪；为自由开路者，不可使其困顿于荆棘！

排比句也经常运用于文末，通过排比的形式把文章的主题进行提炼，既达到总结点题的作用，又能加深读者的印象。比如：

你的时间，值得更好的事；你的付出，值得更好的自己。

12.3.6　类比句式

类比金句，就是通过一个具体的事物，把一个抽象的概念变得更具体、更形象、更幽默，让读者更容易接受，并留下深刻的印象。

经典的类比金句你一定听过："鱼，我所欲也；熊掌，亦我所欲也。二者不可得兼，舍鱼而取熊掌者也。生，我所欲也；义，亦我所欲也。二者不可得兼，舍生而取义者也。"

通过鱼和熊掌，类比生和义，成为千古名句。

类似的还有：

我不是钱，做不到人人都喜欢。

当一个人见过高山大海，眼下的困难便如尘埃。

麻绳专挑细处断，厄运只找苦命人。

12.3.7　重复句式

重复句式中，前后句子中会使用同样的关键词，通过重复，让文字充满力量感，给读者留下较深刻的印象。比如：

"压死骆驼的稻草不是最后一根，而是每一根。"重复在"一根"上，用两次重复，体现出每一次压力都是巨大的伤害。

在重复句式中，经常出现的有 ABBA、ABAC、ABBC 等句式。

（1）ABBA 句式：对前后关键词的置换，置换后，关键词正读倒读都对称，在寓意上还有了辩证的哲学意味，显得更深刻。比如：

孩子从来都不属于父母，但父母会永远属于孩子。

当你在凝视深渊的时候，深渊也在凝视着你。

（2）ABAC 句式：有一个关键词是相同的，另一个关键词则有一层递进的关系。比如：

别人这么努力是为了生活，我这么努力是为了生存。

不在乎天长地久，只在乎曾经拥有。

（3）ABBC 句式：有一个关键词连续出现，另一个关键词则有转折的含义。比如：

今天也没什么特别的，就只是特别的想你。

带不走的留不下，留不下的别牵挂。

以上7种句式是写金句时常用的，写作者可以根据文章内容进行套用。但我们国家语言博大精深，须注重平时的积累，把优秀的金句及时记录下来并进行模仿练习。

写金句的能力需要日积月累，首先就是收集，在素材库中建立一个金句库，多读多写培养语感，然后就要多练，通过模仿改编，不断提升金句写作能力。

在写金句时，还有两个注意事项：一是金句一定要紧扣文章内容。如果金句和文章内容是割裂的，会起到相反的作用。二是金句并不仅局限于这些句式，有时候真情实感的表达，也会容易打动人，一切都要根据文章的情景而定。

第 13 章
你的文字，平淡中蕴含爆炸力

前文我们已经分别讲解了从选题到层次段落的整个过程，而在这些之外，新媒体写作还有一些实用的小技巧来提高文章的可读性。

13.1 多用层次小标题，让全文层次更清晰

新媒体碎片化阅读语境下，比起耐心地读完一篇文章，读者更愿意先简明扼要地读小标题，对具体内容则是快速阅读。因此，写作者在写文章时要多用层次小标题。

小标题，可以提高读者的阅读效率，并加深阅读印象。比如，我的文章《孩子，你不读书，哪里有出路》，层次小标题分别是"不读书的孩子，都怎么样了""寒门难出贵子是个伪命题""愿你一路向前，无问西东"，就是一个递进的关系。

三个小标题对应三个层次，概括了三部分的内容，是递进的关系，让读者更清晰地知道我讲了什么，而不用再费时费力地思考。

小标题往往也是浓缩的金句，在加深印象的同时，也有助于提高文章最后的互动率。

比如，遥七的文章《如果你不想工作了，就去这四个地方走走》，层次小标题分别是"医院""凌晨4 点的街头""机场""家里"，层次间的关系是并列关系。在文章

> Tips：小标题可把一篇长图文中划分为几块，在视觉上能减轻阅读压力。

评论区，很多读者发表评论，每一个小标题的场景都与很多读者的现实生活联系在了一起。

13.2 多用重复，让情绪表达更浓烈

重复，就是文字重复击打读者的一个情绪点，最后引爆这个情绪点。比如曾经刷爆朋友圈的推文《谢谢你爱我》中，整理了 17 个关于爱的小故事，有效强化了读者感动的情绪，最后达到"5 000 万 +"的阅读量，成为现象级爆文。

重复技巧在新媒体写作中十分常见。比如，作者姜榆木的一篇关于"真正能成事"的文章中，第一个层次"真正的高手，善于借力"就用了两个事例。

第一个事例：

一名父亲鼓励孩子去搬开眼前的巨石，并告诉他："你只要用尽全力，就一定能搬动它。"

孩子连试好几下，累得满头大汗，巨石依旧纹丝不动。

他摇头放弃："我尽力了，但我仍搬不动它。"

父亲却告诉他：

"你还没有借助我的力量，怎么能说自己尽力了呢？"

第二个事例：

明代商人沈万三富甲一方的故事，一直被众人津津乐道。

起初，他只是苏州城的一个穷小子，靠贩卖药材为生。

沈万三知道自己口才不好，便请来能说会道的小舅子，在一旁帮忙叫卖。

生意有了起色，每日的账目也逐渐变多，沈万三又请来城南的陈秀才，来帮忙算账。

后来生意越做越大，沈万三便将生意分门别类，聘请了不同的专业人才来管理，自己则只负责总揽全局。

靠着众人齐心合力，沈万三用十一年的时间，从穷小子变成"苏半城"，又从江南首富，成为富可敌国的巨商。

Tips：有的新手写作者会有一个误区，认为文章的每一个部分，必须是"1个故事+1段评论"，其实不是这样的，根据写作需要来定。为了更好地论证一个观点，常用两个，甚至更多的案例进行论述，通过重复来加深读者印象。同时，我们在阐述一个观点时，有两个以上的事例作为论据，会让最后的观点更具说服力。

第一个故事，是父亲告诉儿子，要学会借力；第二个故事，是通过沈万三的例子，说明善于借力有助于获取成功，两个故事同时论证，观点更具说服力。

13.3　多用短句，让文章更精练

"多用短句、少用长句"，这是我在学员入营学习时，经常强调一句话。在注意力分散、喜欢碎片化阅读的当下，相比于长句，短句语义简洁、明快有力、简单易懂，更符合读者的阅读习惯。

如何提高短句的运用能力呢？就是在保持语义不变的情况下，通过删繁就简、调整语句、近义词替代、语句拆分等方式，让文章变得以短句为主。比如，下面这个长句：

男孩正骑着一辆自行车以正常速度行驶经过一个巷子口，却不幸撞上了突然骑着滑板车从巷子里冲出来的男童，男孩根本来不及躲避，只能眼睁睁地看着男童被撞了几米远，自己也倒在了地上。

可以修改成：

男孩正骑着自行车，突然巷子里冲出一个滑板车男童，他躲闪不及，撞了上去。

最后，男童被撞出几米远，男孩也倒在了地上。

将长句变为短句后，字数变少的同时，句子读起来也更轻松、更清晰，也更符合读者的阅读习惯。

13.4 多用动词、数字和图片，让情绪表达更热烈

13.4.1 多用动词

1.不要把动词名词化

动词名词化是新人写作常犯的一个错误，动词名词化会让文章缺乏画面感和动态变化，变得静止，也会使得句子更长，让读者提取句子含义时费时费力。

比如，"这次单打比赛的参赛者有纳达尔和费德勒"，最好写成"费德勒和纳达尔都参加这次单打比赛"。

2.少用形容词、程度副词

比如，这个女生很漂亮。"很"是程度副词，"漂亮"是形容词，但放到一起没有画面感，也无法感知这个女生到底多漂亮？这种表述太宽泛了，但如果我们说，"这个女孩像仙女一样"。女孩的漂亮程度是不是一下子就变得具象了？

> Tips：不确定的词语，比如可能、大概、也许，要少用，如果你的素材不确切，那么这个素材本身就有问题，不建议放到文章里，让读者感受到这种不确切性。

13.4.2 数字的处理

在写作时，我们鼓励写作者适当地使用数字。这是因为数字可以起到两个作用：一是让句式发生变化，比起全是干巴巴的文字，插入一些数字，会让读者的视觉效果更好；二是带来一种确定性，数字能给读者更具体、更真实的感觉。

但数字使用不宜过多，因为一段文字数字占比过多，在视觉上反而会影响阅读，同时可能让读者抓不到重点。比如，

截至 2015 年 10 月 29 日 24 点，李某的淘宝店当天的营业额是 6 004 009.5 元，利润是 902 542.13 元。

读起来是不是觉得很累，还要思考数字到底是多少？

如果遇到这样的情况，可以适当简化，比如上面营业额是 6 004 009.5

元，写成营业额是 600 余万元，时间上也简化处理：

"2015 年 10 月 29 日，李明的淘宝店当天的营业额是 600 余万元，利润是 90 余万元"。

后面这段文字是不是更简洁清晰，让人一目了然。

13.4.3　图片的处理

在新媒体写作中，配图也很重要。

1. 促进读者阅读

如小标题一样，图片插入文字中时，就把文章进行了分割，降低了阅读的难度。而且，图片与文字之间相互切换，会缓解因为看纯文字造成的视觉疲劳。

2. 促进读者理解

图片跟文字是相辅相成的，很多时候起到了补充和说明的作用，而当图片与文字完美结合的时候，其实也在重复触动着读者的情绪点，让读者产生情感共鸣。

比如，我写的一篇干货文章中，文字与配图的关系如图 13-1 所示。

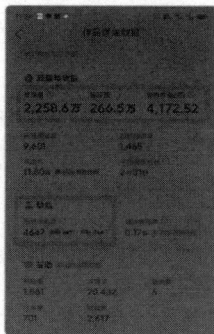

图 13-1　配图的作用示意

我们可以看到图片配合文字，释放出了更具体的信息，强化了文字表达，帮助读者更好地理解文章。

13.5 写好过渡，让文章更加连贯

文章是由不同层次和多个段落组成的，当相邻的层次或者段落有较大转折，或由叙述转为议论，或者场景更替，或者语义反转等，就需要做好过渡，使得语意前后连贯。

13.5.1 使用转折词

转折词被称为语言的交通灯，在文章中起到四大作用：对比、举例、接续和总结。

1. 比对词

此类转折词包括然而、但是、没想到、可是、却、反之等。出现比对转折词时，提示我们文章到这个地方，就将发生转折、遇到冲突，或者出现反转。

比如，学员的文章《过年带娃走亲戚，千万别做这 5 件事！》

"妈，今天我能不去姥姥家吗？"

早上准备去吃团圆饭的时候，儿子扭扭捏捏地说。

我愣了一下，因为儿子是我妈带大的，一向就跟姥姥亲。**但**今年过年，从昨晚到现在，连续跟我说了几遍，不想出门，哪怕是姥姥家。

开始我还没在意，以为他是想在家里看动画片。

没想到，一聊天，他讲了心里话，听得我眼泪都快出来了：

"每次去姥姥家，你们总是拿我和哥哥姐姐们比来比去。我真的有那么差吗？我这么差劲，还带我出去干什么？"

孩子话没说完，我的眼眶都红了。

这里有两个比对词，第一个是"但"，第二个是"没想到"，两个词意味着孩子的反应出乎家长的意料，这种转折带来的意外，让事件发展遇到障碍，也让读者产生疑问，为什么？

如果缺少了这两个词，文章的转折就会显得很生硬。

2. 举例词

此类转折词包括：首先、其次、再次、例如、比如、实际上、正如等，

出现举例转折词时，文章节奏将进行减速，对论点或者素材进行展开。

比如，文章《最高级的家庭教育，是父母做到这7点》中写到批评的时候：

苏联教育家马可连柯说过：

"批评不仅仅是一种手段，更应是一种艺术，一种智慧。"

首先，孩子犯错，父母可以教育孩子，但应该注意一点，别当着外人的面批评孩子。

…………

其次，对事不对人，父母要让孩子知道，是这件事做错了，而不是说明他就是一个坏孩子。

…………

最后，控制自己的情绪，父母可以严肃甚至严厉……

这里有三个比对词，首先、其次、最后，用这3个词，让前后有了顺序的联系，继而分别论述"批评不仅仅是一种手段，更应是一种艺术，一种智慧"。

3. 接续词

接续词包括此外、而且、换句话说、无意地、一致地等。出现接续词时，文章到这个地方将进行进一步展开和说明，往往是上一句的补充。

比如，文章《这10种迹象，暗示你正在慢慢变好》中有一段话：

报告中提到运动的好处：经常锻炼的人，其海马体的体积增加了2%。

换句话说，坚持运动可以提升记忆力，让人更聪明，还能降低患阿尔茨海默病的概率。

运动，是保持健康的最佳秘籍。

换句话说，其实是对上一句的进一步补充和解释。

4. 总结词

此类转折词包括总之、最后、显然、总而言之、因而、所以、因此等。这一类的关键词，意味着文章到这里进入总结升华的部分。

比如，文章《修养自己（此文无价）》中：

那不妨就从点滴的善行做起，温暖别人的同时，也能快乐自己。

没有鲜花的美丽，就做一枚绿叶。

没有甜美的歌喉，就送上一句贴心的祝福。

总之，能做到不以善小而不为，不以恶小而为之，这也算是真正的修德了。

总之，是对上面几句话的总结和概括，通过总结形成自己的观点，达到让读者认同的目的。

13.5.2　承接过渡法

承接过渡法就是让两部分不太相关的段落或者事件产生关联，进而顺利完成过渡。一般会在中间添加一个过渡句，或者过渡段，让上下直接关联。通常会出现一些关联词，如重复出现的关键词，一个过渡段会有两个以上的关键词，一个关键词与上面产生关联，另一个与下面产生关联。即便不出现关键词，也会通过对应性，一部分对应上文，另一部分对应下文，让上下文产生关联。

比如，我的文章《人到中年，我才读懂了司马迁》中，有一段是这么写的：

"家贫，货赂不足以自赎。"

按照汉朝刑法，"腐刑"也有逃避的办法，就是用钱赎，需要五十万钱。

但司马迁官小家贫，哪能拿出这么多钱，就算是家人为他到处举债，最后还是没有凑够五十万钱。

因为**穷**，他终于还是受了那一刀，砍去了他为人的尊严，成了天下的笑柄。

不结婚不知道柴米油盐贵，不到**中年**不知道自己到底有多**穷**。

中年人看起来外表光鲜、工作稳定，但背后却是一家老小的开支加上永远还不完的房贷车贷，再也经不起一点折腾。

刷屏**文章**《流感下的北京**中年**》，道尽了**中年人**的心酸。

文章作者从事金融工作收入不菲，已算得上中产家庭，岳父母也都是退休工人有医保。

可当岳父因为流感引发一系列的病症并住进了 ICU 后，每天 2 万＋

的治疗费用，还是几乎让这个家庭崩溃。

…………

我们看这个段落有两个故事，在完成这两个故事过渡的过程中，有三个词让上下文衔接得很紧密。

第一个，穷，出现两次；第二个，中年，出现三次；第三个，文章，出现两次。

通过三个词，在前后五个段落中出现，让上下文紧密结合。其中，最关键的那句话就是"不结婚不知道柴米油盐贵，不到中年不知道自己到底有多穷"。从关键词看：穷对应上面，中年对应下面。

从寓意上看，上文司马迁也有"中年因为横祸致穷"的特点，下文的例子也是"中年因病致穷"的特点，都与过渡句是对应的。

一篇文章让读者阅读起来很连贯，就说明作者在处理过渡时很到位，进而提高了读者的阅读体验。

第五篇

突破"瓶颈"，让写作能力持续进阶

很多人问我：学习写作后，经常遇到瓶颈期该怎么办？

其实，我们每个人都会遇到写作的"瓶颈"，刚开始可能是迟迟不上稿，接下来可能是突破不了大平台，再往后可能就是自己做平台不涨粉……

如何突破这些"瓶颈"，最好的办法就是在写作上有一种追求极致的心态。如《论语》中，"取乎其上，得乎其中；取乎其中，得乎其下；取乎其下，则无所得矣"。

只有每次在自己的能力范围内做到极致，才能慢慢精进写作技能，不断进步。这种极致，除了前面的坚持写之外，还有两个方面的含义，第一是改，好文章都是改出来的，在改的过程中，也是自我提高的过程；第二是复盘，通过文章发表后的数据分析，不断调整自己的写作认知，达到提高的目的。同时，本篇还将辅以案例讲解，展现一篇爆款文章从选题到成文的全过程。

第 14 章
千锤百炼，好文章都是改出来的

"文章不厌百回改，反复推敲佳句来"。我们一定要知道，好文章都是改出来的，初稿写出来后还要反复修改。但很多作者往往是急于投稿或者发布，却没有注意到文章中甚至还有很多错别字，结果可想而知。如果要想提高文章质量和自己的写作水平，一定要在修改上多下功夫。而检查修改，同时也是理论指导实践的过程。

14.1　检查主题：看文章的主线是否集中

文章的主题是文章的灵魂。如果一篇文章主题明确了，但在写的过程中却偏离了主线，文章就会显得结构混乱。在修改文章时，首先要从主题入手，做好以下 3 项检查。

14.1.1　检查主题

成文后，我们要首先检查主题，因为主题往往是从素材中来，如果提炼得不准确，就会成为空中楼阁，不具备说服力。

比如，一位学员写的文章《健康最贵，请别浪费》，在初稿出来后，我发现这篇文章是从一个名人突然患病切入的。但从这个事件上看，并没有反映出这个人有不健康的生活习惯。相反，大家都觉得他身体健康，身材也保持得很好。这样，"请别浪费"就与素材不贴合。

后来，我重新梳理素材，看到有个高赞评论，"定期体检很重要，以后一定要照顾好自己的身体"，决定从这句话切入，最后重新定义了主题

"人到中年，健康最贵"。

14.1.2　检查枝干

当主题没有问题后，接下来就要检查各层次分论点，看看是否紧紧围绕主题展开。如果主题是"人到中年，健康最贵"，但在提纲上却出现了分论点"年轻人，也要珍惜健康"，那么这个分论点就是偏离主题的。

我们可以把主题看成树干，分论点看成枝干，如果枝干离开了树干，也就失去了生命力。比如"人到中年，健康最贵"，我思考了三个层次的分论点，分别是：

生一次病你就懂了，你的身体没有那么强。

生一次病你就懂了，生命经不起透支。

生一次病你就懂了，人生最珍贵的是健康。

三个层次的分论点都是围绕主题展开，只是从不同角度论证了主题。

14.1.3　检查素材

不仅是层次分论点要紧密围绕主题展开，文中所引用的事例、数据等素材，也都必须围绕主题。如果主题是"人到中年，健康最贵"，若文章引用25岁小伙子的事例，那这个事例就是不恰当的，因为"25岁"与"中年"之间不是很贴合。又比如，主题是父母与子女需要相互理解，但是文章中却写了夫妻之间的故事，那么这个事例也需要舍弃。要记住，素材是为主题服务的，不恰当的素材必须全部舍弃，并换成符合主题的新素材。如图14-1所示。

当素材不再适用时，我

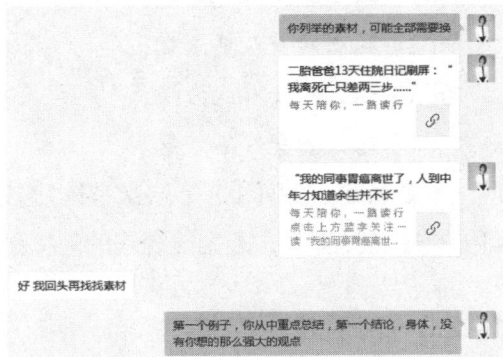

图 14-1　要求学员重新选择素材

们可以利用前文所讲的快速搜索素材的方法，迅速找到适用的素材，做好替换。

14.2 检查结构：看结构层次是否准确、分明和连贯

结构是文章的骨架，当层次主题围绕文章主题展开时，我们还要确保结构之间的逻辑是不是严密，既条理清楚，又结构准确；既层次分明，又前后连贯。

14.2.1 整体结构是否准确

在对文章进行检查修改时，要看文章使用的结构模板是并列式、递进式，还是解题式？再看各层次的分论点是否按照这种结构展开。比如，文章是按照对比式结构模板设计的，但最后只有反向的分论点，没有正向的分论点作对比，这就要及时调整结构。又比如，文章运用的是解题式结构模板，但为什么这个层次没有说清楚，这时也要及时修改。

14.2.2 层次是否分明

不同层次对应不同的分论点，但写作中经常出现的一个问题是，前后重复，导致交叉过多，层次模糊，影响文章的阅读。比如，一位学员写的一篇文章《独立的女人最好命》中有以下4个层次：

（1）独立的女人能赚钱；

（2）独立的女人更洒脱；

（3）独立的女人能力强；

（4）独立的女人不好惹。

不难看出，第（1）个层次"能赚钱"和第（3）个层次"能力强"可能存在交叉部分，因为能赚钱的前提是能力强，这时就要进行修改。

14.2.3 前后是否连贯

一篇优秀的文章，是前后连贯、一气呵成的，逻辑上通顺自洽。但有

的文章会存在前后矛盾、逻辑不通的情况。比如：一位学员的文章，四个层次的小标题是这样的：

（1）为什么受伤的总是好人；

（2）善良填不满恶意的黑洞；

（3）良知的成本大于犯罪；

（4）以德报怨，我们何以报德。

这四个小标题之间，前后连接不强，逻辑上很跳跃，比如第（2）和第（3）层次，一个是善良，另一个是良知和犯罪，到了第（4）层次，又成了以德报怨。四个层次之间既不是解题式，又不是并列式或者递进式，逻辑关系混乱。同时，正能量引导有问题。

后来，我指导学员进行了修改，文章被修改后，上稿了百万账号"家庭读书"，获得了 600 元的稿费，在后面的内容中我会详细讲解修改的过程。

14.3　理论实践：看方法执行是否到位

我们一定听过两句很经典的话"理论指导实践"和"实践检验真理"，其实写作与检查修改的过程，也像这两句话的关系。本书讲解了从选题到结尾，完整的新媒体文章写作知识。大家在参考时，就可以对应着书中的知识点来完成写作，检查修改时也对应知识点来进行，从标题、开头、结尾、故事加工、评论、金句运用等方面来检查自己的方法是否运用正确和到位。

比如，检查标题是否吸引人，是否运用了 10 种标题模板，比如数字是不是有了，名人名字或者热点事件是不是有了等。对于刚开始写作的学员，我们一般建议标题起到 5 个后再来对比，选择最优的作为最终标题。

依此类推，我们写完后去检查某一部分是否写得好时，就思考具体的方法是否得到了运用，必要时我们还可以通过数据反馈来进行检查。

学员写的一篇影视剧评类微头条，发布后点击率不高，这说明开头写得不好。于是我对开头及时进行了修改，成为一篇"50 万 +"的小爆文，修改前后的对比如表 14-1 所示。

表 14-1　修改前后对比

修改前	修改后
王强英抱走儿子带他去睡觉，老爷子不经意瞥见地上的饺子，王强英连忙踩住，这时小女儿端来一盘饺子，老爷子彻底怒了	爷爷从外面回来坐下吃饭，孙女兴高采烈地给爷爷端出来一盘饺子，王强英看到后大惊失色，爷爷看到饺子后脸色一变，直接摔门而去，吓得孙女大哭

最初的初稿，首先是表达不够清晰，王强英—老爷子—小女儿，没看过电视剧的人会一下子分不清三人之间的关系。其次，叙述时第一句"王强英抱走儿子带他去睡觉"其实与冲突没有太大关系，而且这一句跟接下来的一句，"老爷子不经意瞥见地上的饺子"出现得也很突兀，两者没有必然联系，阅读起来让人吃力。再次，文章开头没有透过细节留下悬念。

我根据影视剧的情节，对文章开头进行了修改，首先把小女儿改成孙女，让人物关系更清楚。然后按照直叙的方式，从"爷爷从外面回来"这个时间点开始进行叙述，"爷爷回来—孙女端饺子—王强英和爷爷脸色都变了—爷爷摔门而去"，让叙述逻辑更清晰。最后，着重突出冲突细节的描写，孙女端饺子出来的一瞬间定格，用特写镜头展现出王强英和爷爷的反应，留下了继续阅读的钩子。

修改文章是一个整体工程。一方面，需根据成文的整体语境来进一步检查；另一方面，根据理论去思考这个开头用了哪种模板，结尾又是怎么写的，能不能触发互动和转发的点。这个过程是文章质量提高的过程，也是个人写作能力提高的过程。

14.4　通读全文：看文章是否精练客观、准确通顺

试想，一篇很好的文章，仅仅因为一个错别字，就导致评论区有了很多批评，影响了文章的整体观感，是不是很不值得。所以，文章正式投稿

或者发布前一定要通读全文，看文章是否有语病和错别字。具体来说，要做到以下四看。

14.4.1　看是否精练，切忌啰唆

新媒体文章的特性决定了文章必须用语精练，不能啰里啰唆、废话连篇。但很多作者在刚开始写作时，因为抓不住写作重点，却很容易出现"凑字数"的现象，一句话就能表达清楚的事儿，写的时候却不知不觉间，添加了很多夸张的形容词，说了很多正确的"废话"。但需要真正突出的细节，又被一笔带过，让文章失去应有的色彩。

在修改时，我们就要删除一些无用的词和可有可无的描写，加快情节铺开的节奏。比如：学员的一篇关于"父母"的文章，的开头是这样写的：

8月5日，在广西南宁市的一条拥挤的小巷（内），一辆车以（在）正常速度行驶经过……

开头 32 个字，保持语义不变进行修改后，精简到 22 个字。

8月5日，广西南宁的一条小巷内，一辆车在正常行驶……

保持用语精练，就是确保在有限的字数内描述更多的细节和评论。

> Tips：一般新媒体成文字数为 1 700 ～ 2 300 字，但大多数时候，初稿字数会超过 3 000 字，因为初稿主要是根据提纲快速地搭配素材和评论，对文章细节还做不到精雕细琢。在修改初稿的时候，就需要逐字逐句地修改，让语言更简要精练、紧扣主题。

14.4.2　看是否客观，切忌主观武断

客观真实地描写是一篇文章的基础，特别是在对热点事件进行写作时，要站在客观角度，而不是一味地主观表达自己的看法和情绪。其实，客观真实才最有力量。大家想想，一个事件演变成热点，是不是因为其中某些细节的冲突性强，或者情节扎心，最终引发读者的共鸣。对于读者来说，让他们感同身受的，是客观真实的事实，而不是作者自以为是的评论，因此客观的描写特别重要。

14.4.3　看是否精准、具体，切忌模糊空泛

有些作者用语空泛、抽象、不具体，很多语言模糊，大大影响了文章的真实性和传播效果。所以在修改文章的过程中，要注意语言不要模糊、空泛、不具体，不要出现带有疑问性或者不肯定的语句，如果连你都不能传递肯定的信息，读者看文章的时候，又会是一种怎么样的心态？比如，下面这段话：

"据了解，去年××地区GDP翻了一倍"与"据××机构公布的数据，去年××地区GDP翻了一倍"，哪个让读者看完后更信服？肯定是后者。

14.4.4　看是否连贯顺畅，切忌前后脱节

我们在通读全文的过程中，还要注意前后是否连贯顺畅。很多时候，我们认为是连贯的，但在阅读的语境中却是磕磕绊绊的，这就需要着重看，以确保上下文连贯。除此之外，在阅读的过程中，我们也要对错别字进行修改。

在具体修改的方法上，大家可以用以下两种：

1. 朗读法

叶圣陶先生就很强调通过朗读来修改文章的重要性，他认为，"修改稿子不要光是'看'，还要'念'。"为什么要"念"，因为如果是目阅或者默读，很容易陷入写作的惯性思维中，很难发现自己写作中的错误。但大声地念出来，错误和疏忽的地方就能发现，便于修改。

2. 唱校法

唱校法是指两人以上的校对方法，需要作者找一个人来帮忙。其中一人读，另一人则看着稿子。读原稿者要读出每个字，这样的校对更严谨；还可以在遇到不通顺的地方，相互探讨。

在修改上，我们可以在文章成稿后，先把稿子放到一边，过一段时间再修改，这样的效果会更好。因为当我们从写作的状态和思维中跳脱出来后，带有一种读者的心态和质疑的目光审视文章时，会发现有许多不对的地方，很多多余的地方，以及很多没有达到要求的地方，修改的效果往往

会更好。

　　我经常对学员说，修改是写文章的最后一道"工序"，这个工序不仅要做，更要认真做，因为这是一个学习与提高的过程。我们在修改的过程中，就是结合写作方法对文章进行精工细磨，在对主题不集中、层次不清晰、细节不到位等问题进行修改的同时，我们也在思考如何修改才能让文章更出彩。在不断的修改中，我们的文章越来越好，同时写作能力也越来越高。

第15章

案例讲解，爆款文章的前世今生

前文我们讲解了从准备到写作，再到修改的整个体系的知识，那么如何具体运用，通过实践写出爆款文章呢？本章就通过爆款文章制作和修改两个方面，来做一个案例讲解。

文章《年少不懂太史公，读懂已是泪千行》，我首发在读者新媒体平台，后被洞见等账号转载，全网阅读超"千万+"。

先给大家看一下全文：

01

第一次听到太史公司马迁这个名字时，还在初中。

历史老师说："他承受腐刑加身，却铸就第一史书，让人可叹可敬。"

我却暗自摇头，七尺男儿宁死不屈，怎能受此大辱。

那个时候我年少轻狂，心中的英雄都是热血的，或如李广，不愿受辱，引刀自刎；或如金庸古龙笔下的豪杰，一言不合，拔刀相向。

但到而立之年，再读《太史公记》，再读《报任安书》……

02

"闻陵降，上怒甚，责问陈步乐，步乐自杀。群臣皆罪陵……"

天汉二年，汉朝将军李陵率领五千步军作为偏师出征匈奴，却遇到了匈奴八万主力，奋勇厮杀后因寡不敌众、孤立无援而战败投降。

消息传来，皇上震怒、群臣激愤，朝野上下一片喊打喊杀之势。

是李陵真的罪该万死吗？未必，毕竟谁面对10倍于己的敌人，也是必败之局，更何况他还曾死战一场。

大家觉得李陵该死，只是因为汉武帝认为他该死。

官场也好，职场也罢，比对错更重要的是领导的看法。

谁知此刻，司马迁却站了起来，从一句"微臣有话讲"开始，竟然盛赞了李陵的"国士之风"，盛赞了李陵此战的功绩。

一时间朝堂里鸦雀无声，皇帝更是脸色铁青。

没人想到 46 岁的司马迁竟然是个愣头青，这些话说出来轻则前途不保、重则家破人亡。

有人摇头，太傻了，可这傻背后，却是一份赤胆忠心。

司马迁知道李陵的品格，更知道对于国家而言，唯有善待李陵，才能有更多的将士愿意为国而战。

后来的结果，大家都知道了：

"上以迁诬罔，欲沮贰师，为陵游说，下迁腐刑。"

圣旨颁下的那一刻，司马迁心中那个敢言的少年彻底死了。

他终于看到官场中无情的一面，也终于明白满朝文武，为什么没有人敢说真话。

没有谁是自己变得势利和油腻的，只不过是经历了人世沧桑，才在某一刻被逼着学会了圆滑和世故。

出狱之后的司马迁，已经判若两人，上朝时毕恭毕敬，下朝后闭门写书，再也没有说过一句违背上司的话。

03

"拳拳之忠，终不能自列。"

短短九个字，道出了圣旨颁布的那一刻，是何等的心伤如死。

李陵事件爆发前，他作为侍从已在汉武帝身边效忠了十几年。

"仆以为戴盆何以望天，故绝宾客之知，忘室家之业，日夜思竭其不肖之财力，务一心营职，以求亲媚于主上。"

可以说鞠躬尽瘁、死而后已。

但十多年的忠诚与辛劳，抵不过一次领导的不满意。

人在职场何尝不如此，年少时领导告诉你，要忠诚、要奋斗，集体就是你的家。

一眨眼人到中年，没人再给你谈论曾经的奉献与功绩，也没有人再跟你谈论忠诚与奋斗，有的只是岁月高高举起的屠刀。

职场有句名言：公司领导要定期清理小白兔员工。

什么是小白兔员工，就是能力差留着不走，在公司混成中高层的员工。

但能力差与中高层本身就是说不通的矛盾，真相只有一个，公司不养年老色衰的中年人。

多少人活到了三四十岁，学会了卖笑，委屈憋着、不忿藏着，拼命拍着顶头公司的马屁，就为了一口饭吃。

但也成了最不受待见的人，年轻人觉得你混吃等死，领导觉得你尸位素餐，却没有一个人看到你的战战兢兢。

可人到中年，已经没有了重新再来的勇气，工作就是命脉，上司就是上帝，再多的苦楚也得咬碎了往肚里子吞。

熬过去了就是明天，熬不过去就是崩溃于无声。

04

"家贫，货赂不足以自赎"。

按照汉朝刑法，"腐刑"也有逃避的办法，就是用钱赎，需要五十万钱。

但司马迁官小家贫，哪能拿出这么多钱，就算是家人为他到处举债，最后没有凑够五十万。

因为穷，他终于还是受了那一刀，砍去了他为人的尊严，成了天下的笑柄。

不结婚不知道柴米油盐贵，不到中年不知道自己到底有多穷。

中年人看起来外表光鲜、工作稳定，但背后却是一家老小的开支加上永远还不完的房贷车贷，再也经不起一点折腾。

刷屏文章《流感下的北京中年》，道尽了中年人的心酸。

文章作者从事金融工作收入不菲，已算得上中产家庭，岳父母也都是退休工人有医保。

可当岳父因为流感引发一系列的病症并住进了 ICU 后，每天 2 万 + 的治疗费用，还是几乎让这个家庭崩溃。

他们卖掉了所有的股票和理财，也只能撑一个多月。

摧毁一个中年人到底有多简单，只需要一场大病、一场生意失败、一次子女择校就可以了。

少年时，有父母为你遮风挡雨；

年轻时，孤身一人无牵无挂、漂亮潇洒；

只有人到中年，上有老下有小，到处都需要钱，才会发现自己挣得真少、自己真没用。

这是中年人的责任，也是中年人的无奈。

不敢输，也输不起；

不敢穷，也穷不起；

不敢病，也病不起。

05

"而仆又佴之蚕室，重为天下观笑。"

其实，何止天下人耻笑，连司马迁自己都不齿自己。在《报任安书》里，他写道：

"行莫丑于辱先，诟莫大于宫刑。"

因为觉得愧对祖先，他再也没有去父母的墓前拜祭过。

在那个人人尚勇、视名节高于一切的年代，连奴隶婢妾尚且懂得自杀，更何况是士大夫司马迁。

他当然也曾想过自杀。

他一死了之简单，但父亲临终前的遗愿谁去完成？家中的妻子和儿女，又有谁去照顾？

苟且，梦想还能延续；偷生，家人就有依靠；怕死，却不是为自己。

一个人对家人爱得有多深，就会对自己的生命有多珍惜，就会对生活的刁难有多容忍。

司马迁出狱后倒升了官，汉武帝封他为中书令，但他也彻底怂了，变成了一个唯唯诺诺的中年人。

"从俗浮沉，与时俯仰"，哪怕别人在背后指指点点的讥讽，也从不还嘴。

以前，他可以为没有交情的李陵仗义执言；

现在，他却不敢为生死之交任安讲情。

只能写下直抒胸臆的《报任安书》，写尽了自己的屈辱，写尽了自己的不幸，写尽了自己的激愤，字字带血。

以前，他自己落难时，还埋怨"交游莫救，左右亲近不为一言"，现在，他只能向任安拜了再拜，却不敢为老友辩解一句。

人到中年，失去了所有的勇气，只剩下了一个"怂"字，因为再也冒不起一点风险。

人到中年，最怕的就是背后有一大家子靠着你，你却无能为力。这种无助，他已经让家人品尝过一次，不能让家人品尝第二次。

有人说，"隐忍以就功名，为史公一生之心。"

但中年人的隐忍是为功名么？怕更多的还是为家人。

又过了一个十年，司马迁终于完成了我国历史上第一部纪传体通史——《史记》。

理清了上至黄帝时代，下至汉武帝共 3000 多年的历史，更被推崇为文学典范，历经千年而不衰。

黄庭坚说："凡为文，须熟读韩退之、司马子长文。"

郑樵说："六经之后，唯有此作。"

梁启超说："史界太祖，端推司马迁。"

鲁迅说："史家之绝唱，无韵之离骚。"

但这个写完史记的男人，却在写完《史记》的第二年消失得无影无踪，没有再留下一点记载。

他的死成了一个谜，各种猜测都有。

一个曾经背负屈辱的中年人，此刻已然安顿好妻子儿女的退路，已然完成了父亲的遗愿，是时候退场了。

金圣叹在评《屈原贾生列传》中说司马迁"借他二人生平，作我一片眼泪。"

年少不懂太史公,读懂已是泪千行。

15.1 策划选题,搜集素材

前文说过"一个爆款文章背后,藏着 N 个爆款选题",在写这篇文章之前,我发现有很多类似爆款文章,比如《年少不懂林教头,读懂已是中年人》《年少读不懂杜甫,读懂已是不惑年》等(见图 15-1)。

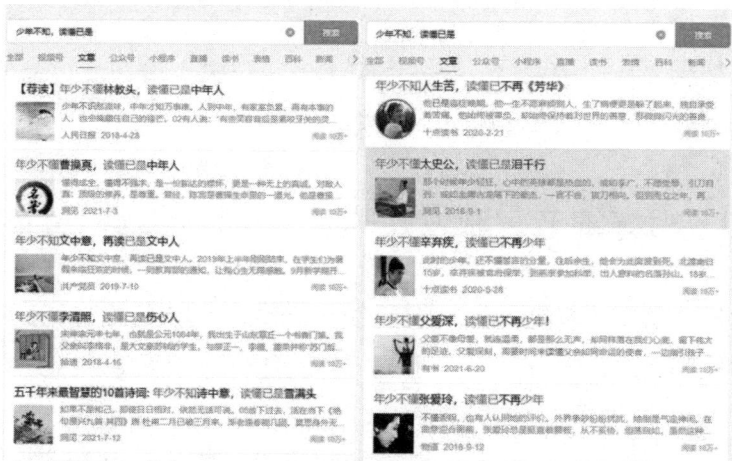

图 15-1 同类型爆款文章

分析这些文章的时候,我发现林冲、杜甫、李清照等历史名人都可以套用这个选题模式,于是我就用发散思维去思考还有哪个历史名人可以写?最后我锁定了司马迁这个人物。

这个人物我们都很熟悉,而且中年也遭遇了重大人生变故,与上述几个历史名人都有很强的共性,于是我决定写司马迁,选题思路同样是"年少不懂……读懂已是……"。

确定选题后,就进入素材搜集的环节,通过在百度、知乎、微信公众号等平台的搜索,以及《太史公记》《报任安书》《汉书》,金圣叹评点《史记》的资料,整理写作素材。

15.2 谋篇布局，搭好骨架

在结构上，这篇文章采用的是时间线结构，从李陵战败、司马迁进言开始，到写《报任安书》这段时间选择了 4 件事来写，每个事对应一个分论点。比如，"家贫，货赂不足以自赎。"，引申的观点是"不到中年不知道自己到底有多穷"。

在标题上，模仿的爆款选题的标题。

在开头上，这篇文章是开门见山、直奔主题，从初中老师的讲解开始切入人物。

在结尾上，综合运用了总结点题 + 名言引用 + 金句升华多种方式，结尾处精彩的文字，进一步激发了读者的情绪。

15.3 写好细节，激发共鸣

这篇文章在故事叙述上，选择了能触动人的细节，并注重前后对比、相互对比等手法，衬托主题。同时，紧贴素材展开评论，激发读者的共鸣感，如图 15-2 所示。

这篇文章的素材很立体，既有传播度很高的事件，也有跟明星有关系的微博，还有知乎的高赞回答，以及身边真实的故事，从不同侧面来论证文章的观点。

此外，这篇文章大量运用了金句：

"熬过去了就是明天，熬不过去就是崩溃于无声。"

"不结婚不知道柴米油盐贵，不到中年不知道自己到底有多穷。"

"不敢输，也输不起；不敢穷，也穷不起；不敢病，也病不起。"

这些金句能触动读者情绪，提高他们的认同感和转发欲。同时，这篇文章还做了借力：

黄庭坚说："凡为文，须熟读韩退之、司马子长文。"

郑樵说："六经之后，唯有此作。"

梁启超说："史界太祖，端推司马迁。"

鲁迅说："史家之绝唱，无韵之离骚。"

金圣叹："借他二人生平，作我一片眼泪。"

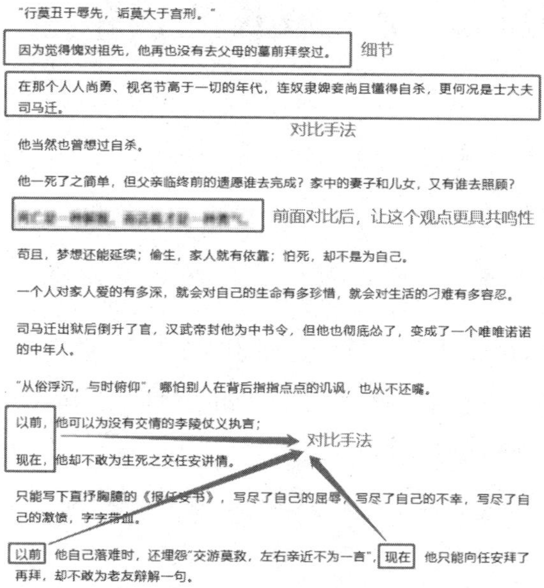

图 15-2　层次段落中的细节

这些名家的评论，也进一步提高文章的权威性和观点的可读性。

写完初稿后，修改了四次，最后才交稿，到了编辑手里一稿通过。

第 16 章
复盘与分析，个人成长的快车道

文章发表并不是结束，而是进入更重要的环节——复盘与分析。如果说发文前，我们的努力是为了写出一篇爆款文章，那么发文后就要做好复盘分析：如果成为爆文，就总结经验；如果没有成为爆文，就要通过数据分析问题所在，继而进行改进。

复盘分析的过程，是不断理解读者、理解新媒体发展趋势的过程，也是个人快速成长的过程。

16.1 文章写得怎么样？学会让数据说话

文章好不好，数据最有发言权。而读懂了数据，才能读懂新媒体文章背后的规律，以下这些数据，大家必须做到心中有数。

16.1.1 阅读量

阅读量是阅读文章人数的多少，直观反映文章传播力的强弱，也是衡量文章成功与否的关键数据。

如果阅读量较以往大幅度提高，说明文章质量较好，符合账号读者阅读喜好，又具备一定的传播力。相反，如果数据大幅走低，就要分析原因，减少类似文章的撰写。

决定阅读量的数据包括点击率、完读率、互动率、分享率。我们在下面会一一地讲解。

1. 点击率

点击率在不同的平台，算法也不一样。公众号平台，一般指公众号粉丝通过公众号打开文章的比率。而在今日头条平台，则指阅读量占系统推荐量的比率。

> Tips：对于微头条、百家动态、微博等来说，如果没有标题，决定点击率的则是露在外面的开头3 ~ 5行。

点击率是决定文章阅读量的前提，点击率低意味着看的人少，而第一波看的人基数小，最后的阅读量也不会高。而点击率与标题息息相关，如果点击率低，则说明标题没有起好，相反则说明标题相对较好，但要注意不要为了追求点击率而成为"标题党"。

2. 完读率

完读率也是决定最后阅读量的重要数据之一，但在各个平台表现也有所不同，比如公众号表现在阅读折线上，可以看出多少读者读完，没读完的读者在什么地方跳出的，比如开头10%的位置跳出率是多少？

根据跳出率，做好针对性的反思。如果，开头跳出率高，就要着重提高自己的开篇能力；如果中间跳出率高，就说明在情节推进上不吸引人。根据跳出率，去反思自己哪里写得不够好，进而思考改进和提高的方法。

今日头条等平台则反映在阅读时长，通过阅读时长分析完读率，需要结合内容的长短来分析。如果文章的阅读时长没有达标，说明文章在素材选用、情节推进、悬念设置等方面还有待提高。

3. 互动率

互动率包括点赞数、在看数、评论数，是判断文章写作效果很重要的一个展现。因为新媒体写作相较于传统写作，一个显著的特点就是互动性强，因为新媒体可以通过留言、点赞等方式实现在线实时互动。

文章互动率高分为两种情况：第一，文章越能引发读者共鸣，读者的互动意愿就更强，这往往是爆文的先兆；第二，对于争议性话题，读者互动也会比较高，这时就要分析读者关注什么，想要表达的观点是什么。

对评论区进行分析是编辑和作者的日常工作,比如将哪一条评论置顶,需要经过编辑的深思熟虑。好的评论，也能引发读者新一轮的关注与讨论，也是文章的一个延续。而评论中，读者很精辟的观点、很特别的想法，也是编辑和作者进行选题的来源。

最后，也不能忽视读者的批评声音，这些声音是这部分读者对文章的态度，也能检视出文章自身的不足。

4. 分享率

有多少读者愿意转发你的文章，决定着文章最终的传播力。前文讲过影响分享率的一些因素，与整体文章内容、标题、结尾、金句都息息相关，我们也可以将分享率与阅读率、点击率、完读率一起分享。

比如，公众号上一篇文章发布后，有多少粉丝去点击构成了第一波阅读人群，而这些粉丝看完文章后又有多少人愿意分享，就决定了第二波阅读人群，以此循环。分享率越低，循环的次数也就越少，最后的阅读也就越有限。

如果能持续输出分享率很高的文章，在编辑眼里你就是金牌作者，自己做平台，粉丝也会涨得很快。

16.1.2　阅读转粉率

一篇文章阅读结束，除阅读量外，还有一个指标编辑很重视——阅读转粉率。

并不是说，阅读量高吸引的粉丝就一定多。有些文章为了追热点，或者为了博眼球成了"标题党"，可能阅读量较高，但读者看完后只是看了热闹而已，并不会关注文章。

而能吸引读者关注的内容往往是具备情绪价值或者实用价值，前者往往能引起读者强烈的情感共鸣，让读者有收获感、成长感，而后者往往是干货文。

16.2　做好复盘分析，有的放矢地去努力

自己的文章写得到底怎么样？这是困扰很多作者的一个问题。有很多作者说："明明我写得挺好的，为什么编辑用了别人的稿子？"有这种纠结不奇怪，因为我们付出努力的作品值得被更好地对待。但我们也会陷入

认知误区，自己认为文章很好，但其实还有很多问题我们没有看到。

所以，要学会复盘分析，全方面地审视自己写的文章，找到差距，才能找到方向去努力。

16.2.1　数据的反馈

数据是文章质量最直观、最客观的反映。前文，我讲解了阅读量、点击率、完读率、互动率、分享率和阅读转粉率等数据，这些都是我们复盘时的基础，比如点击率低，就说明文章的标题不尽如人意。

复盘分析时，我们要形成"数据思维"，通过量化的数据来查找文章的不足，找到改进方向。比如，在今日头条等平台，有多标题功能，我们可以通过对比，不断学习如何取好一个标题。

16.2.2　读者的反馈

读者的反馈并不只是体现在数据上，也反映在评论区。很多时候，文章出现的逻辑不清、前后矛盾、错别字等问题，读者会在评论区直接指出，无形中就在提醒我们一定要对内容精益求精。同时，文章写得好的地方也会让读者产生共鸣，在评论区发表支持和赞同的评论。

对这些评论进行分析，既能发现自己文章好与不好的地方，也能感受到粉丝群体的观点、立场和喜好，进而提高自身写文的针对性。

16.2.3　编辑的反馈

编辑的反馈对于新人来说，是很有帮助的。因为他们长期从事新媒体写作和编辑，对选题方向更敏感，对文章优劣把握更准确。编辑赞同的地方、提出的修改方向或者拒稿原因，都要认真地分析和总结。

如果是自运营平台怎么办？可以加入MCN，比如依伊书院有三个领域的MCN，MCN定期组织老师对成员的内容进行点评。

16.2.4　社群的反馈

在写作初期，大家会遇到很多问题，所以我们需要志同道合的一群人一起坚持和前进。比如，依伊组织的训练实战营，每一期都有很多小伙伴共同写作、打卡，由老师点评来指出学员在写作中的问题。大家遇到问题，也会在群里相互鼓励，学习氛围会感染到每一个人。

每一个写作者，都应该建立一个由"数据—读者—编辑—社群"组成的四位一体的反馈系统，在持续的反馈中不断提高自己的写作能力。当然，如果后面3个反馈我们暂时没有，就一定要把对数据的分析作为重中之重。比如：

发文后数据比平常好，就要思考"为什么好？""好在哪里？"

如果数据比往常差，就要思考"为什么差？""又差在哪里？"

在复盘分析的过程中，我们还要解决对标账号和整理好数据库这两方面的问题。首先，一定要找到同领域优质的对标账号，比如你是文史领域，就搜索文史领域的优质账号。这些优质账号对新媒体的趋势和读者阅读喜好的变化调研更深，优质的爆款内容也更多。通过学习优质账号，就能跟上新媒体变化发展的趋势。

其次，要整理好一个数据库。把阅读数据好的文章放在一起进行分析，总结文章阅读量好的原因，同时把阅读量相对较差的文章放在一起进行分析，查找不足，为下一步持续写作提供参考。

第六篇

实现写作价值，让你的每一个文字都有价值

新媒体时代，不仅给了我们普通人写作的机会，同时也大大拓宽了通过写作实现价值的渠道。尤其是传播较广的爆款文章，因为传播有了流量，因为流量有了极大的价值。

第17章
实现写作价值，文字的价值比你想的要大

写作的模式有很多，比如投稿稿费、流量收益和专栏带货等收益。

17.1 投稿：从小白到平台签约作者的成长之路

投稿是很多写作者选择的第一种实现价值的模式，无论是公众号，还是头条号、百家号等平台，都有很多账号需要大量的原创稿件。比如，从读书平台十点读书、有书、洞见，到亲子平台凯叔讲故事、男孩派、女儿派，到情感平台潘幸知、李月亮，再到一个个垂直领域，每一篇我们看到的文章都有稿费，其中有些平台单篇稿费在 1 000 以上。

表 17-1 部分账号投稿方式及稿费

序号	账号名称	稿费	序号	账号名称	稿费
1	边码故事	3 000 元/篇	6	亲宝宝育儿	1 500–10 000 元/篇
2	故事局	800–1 000 元/篇	7	妈妈抱团	1 200 元/篇
3	皮皮客栈	800–2 000 元/篇	8	国学生活	600–10 000 元/篇
4	凯叔育儿	800 元/篇	9	人间故事铺	1 000 元/篇
5	青榄家长地带	800 元/篇	10	真实故事计划	1 800–2 500 元/篇

我的很多学员都是在工作之余兼职写作，即利用碎片化时间搜集素材、整理思路，再利用晚上整块的时间来写作，有时候工作忙写一篇文章也要 2 ~ 3 天的时间。但随着时间的推移，他们写作能力也越来越娴熟，上稿的平台也是越来越大，而且开始接到很多编辑的约稿。

一位学员瑾山月开始写作的第一月就上稿十点读书，坚持写作一年成为洞见、十点读书等平台的签约作者，写出了《〈装在套子里的人〉：100年过去了，契诃夫笔下的套中人还活着》《〈皮囊〉：人生四种苦，熬过去才算数》等文章，单月稿费收入过万元。

其实，投稿模式有一个很大的好处就是有编辑能与你互动。因为新人刚开始学习写作时，很难发现自己写的文章的问题，但编辑却能准确地发现。因此，编辑的意见对于写作者提高写作能力是非常有用的。而且，与编辑保持良好的关系，也可以得到大量的约稿。

对于投稿，大家要注意以下三个问题：

17.1.1　找准平台，精准投稿

很多写作者写完文章后不管三七二十一，看到收稿邮箱就点击发送，比如我的账号以情感、人物稿为主，但邮箱里经常有很多散文、校园故事等投稿，这种稿件编辑是看都不会看的，白白浪费了很多精力。

投稿要有的放矢，比如，我想给十点读书投稿，就花时间把十点读书近3个月的文章认真地看一遍，看哪方面的选题是账号经常出现的，我打算写什么样的选题；然后，尽力找到一个风格相似，但难度相对较小的账号。经过寻找相比较于十点读书，碧读好书这个平台难度要小一些，而十点读书又经常转载碧读好书的文章，那么对于新人来说，可以先锁定碧读好书来写作，上稿也就容易得多。而如果有多篇文章被转载，就会被头部账号的编辑所关注。

17.1.2　格式正确，语句通顺

排版格式是否正确、语句是否通顺都决定着编辑对你的第一印象。但很多作者写完文章就急于投稿，急于抢时间，却没有认真检查自己的文章，以至编辑看到的稿件错误百出。试想，如果你是编辑，看到的文章排版很差，没有分段，没有图片，而且文章中还有很多错别字和不通顺的语句，是一种怎样的感受？

很多时候，写作者的态度决定了编辑的印象。一个态度端正努力的写

作者，可能无法实现一两次投稿就上稿，但编辑会因为你的态度，对你进行指导。我上稿头部账号的第一篇文章，就是编辑的主动约稿。

17.1.3　态度谦虚，主动作为

投稿最终是与编辑打交道，所以一定要保持谦虚和主动的态度。但有的写作者对自己文字视若珍宝，舍不得改一个字。这里我建议写作者收到编辑的修改意见后，要按照编辑的要求尽快修改。其实，修改的过程也是与编辑沟通交流的过程，态度谦虚的写作者往往能与编辑建立良好的关系。

17.2　流量：从 0 到"10 万"粉丝的运营之路

相比较于投稿，运营自己的账号是我更鼓励大家做的事情。我在 2018 年成为多平台的签约作者，也是有书连续三个月稿费最高奖获得者。但投稿最大的问题是上限很明确，上稿一篇"100 万 +"的公众号，稿费也只有几百元，上千元的稿费平台相对有限，加上众多的写作者竞争，每个月收入 5 000 元以上，就已经是很厉害的作者了。

与此同时，我自己并没有很认真运营的今日头条账号，却给了我很大的惊喜。2020 年初，我借助一个热点写的一篇文章收益将近两万元，相当于我在公众号投稿两个月的收入。这件事之后，我就把主要精力放在了运营平台上。

其实，今日头条、百家号、企鹅号、微信公众号等平台，我们看的每一篇文章，平台都会因为我们的浏览给到账号所有者流量收益，靠流量收益月入过万的账号是很常见的。

学员六月，在工作之余兼职写作，但每天都坚持笔耕不辍，很快在今日头条拥有了三万多粉丝，爆款率在 70% 以上，每天都有 100 ~ 200 元的流量收益。现在，她在依伊书院负责情感领域的写作教学，又额外多了一份收入。

而且，相比于投稿，运营自己的平台更具有成长性。尤其是，当自

己的账号达到一定的规模，比如说，头条的万粉，就可以申请开通带货权限、专栏权限，实现多份收益。同时，自己的账号粉丝达到一定规模，也可以接到一些文案与广告，实现收入倍增。

图 17-1　依伊本地社流量收益图

运营自己的平台，要注意以下几方面的内容。

17.2.1　提高更新率是前提

一旦开始做自媒体平台，就要多更新高质量的内容。因为，粉丝更喜欢一个经常更新的博主，而不是一个三天打鱼、两天晒网的博主。稳定的内容更新，是增加粉丝黏性的基础。而粉丝黏性高，也会反映在点击率等数据上，这些数据会成为平台进一步推荐内容的基础。

同时，更新量足够的前提下，我们的写作能力也会不断地提高。

17.2.2　提高垂直度是基础

我们究竟要写什么内容？这是很多写作者纠结的问题。其实，一开始我们可以各个方向都做一个尝试，看看自己对哪个领域更感兴趣，对哪个领域更熟悉，以及写什么内容才容易成为爆款文。

找到方向后，就要在这个领域做好深耕。比如，你的账号属于文史领域，就尽量写文史领域的内容，只有这样，你吸引和聚集的粉丝也才足够垂直，点开率、互动率和分享率也会更高。而垂直度高的账号，粉丝对于作者的信任度和忠诚度也会更高，当你去尝试带货、开通专栏时，粉丝不仅不会反感，也会成为第一批购买的用户。

17.2.3 多平台同步是关键

如果在一个平台更新了一篇内容，就要多平台同步更新，赚取额外的流量收入。比如，我有一篇内容，在头条号是 10 万阅读量的爆款文，在百家号同样达到了 10 万 + 的阅读量，两者收入加在一起比只发一个平台多了一倍。而且很多商家在投放商单或者文案时，是以全平台粉丝数计算报酬的。如果说平时只是在一个平台运营，到后期就会损失很大。

Tips：运营平台时，还可以及时参加各类征文活动，这样就会在赚取流量收益的同时，有机会获得各个平台不菲的奖金收入。

17.3 文案／商单：价值千金的方法

文案／商单模式，就是传统的广告收入，包括各种软文、品牌广告文案、新闻稿等。主要有两种模式：第一种模式是以写为主，通过甲方或者平台接到写作任务，按照甲方或者平台要求写作，反馈给甲方或者平台，赚取固定收入。我们在很多公众号看到的软文推广就属于这种性质。

第二种模式是以发为主，其中有的是直接投放，也就是甲方直接提供文案，在你的账号上投放，根据账号粉丝量与你结算费用；有的则是需要你根据甲方要求自己撰写文案发布在自己的账号上，根据最后的展现量来结算。小红书种草文案就属于这种性质。

图 17-2 新红平台中小红书博主种草文案报价

17.4 专栏与出书：让知识的价值翻倍

当自己的账号积累了一定的粉丝量后，就可以根据自己的专业特长开辟付费专栏，比如在头条或者小红书平台，既有情感专栏，也有写作专栏；既有公文专栏，也有职场成长专栏等。即便是写作专栏，又可细分为图文写作、视频创作、问答写作等专栏，专栏的形式可以是图文、音频、视频等。

出书收入：很多作者因为经常发表文章，有了曝光度，得到了出版社编辑的青睐，收到邀约出书，真正把自己的文字变成纸上的笔墨，那是写作者最幸福的一个时刻。

其实，无论是专栏收益还是出书，都是把自己的专业知识进行反复地传播。因为相比于讲课或者辅导，你面对的人数总是有限的，但当你的特长固化成文字、音频、视频的时候，其实就可以影响更多的人。比如，笔者在荔枝微课开设的 15 节新媒体写作课程，就有 5 000 多名学员购买学习。

图 17-3　荔枝微课界面

如我前文所说，通过自己的专业特长获得专栏收益或者出版图书，就要在垂直的方向上深耕，因为越垂直越专业，越专业越能吸引同领域的粉丝，也越能形成自己的影响力。很多作者出版图书，就是因为在专业领域不停地发布文章，最后就有出版社编辑主动约稿合作。

17.5 带货：电商的趋势与未来

2019 年，今日头条的一条新闻让很多创作者竖起了耳朵，@脑洞历史观凭借一己之力，将一本单价 300 元左右的书卖到全网断货，他个人一个月的带货流水超过 200 万元。从那时起，越来越多的创作者开始重视内容带货能力。

这是电商的趋势与未来，也是自媒体平台的趋势与未来，与传统售卖平台不一样，内容平台一般先通过故事或者干货介绍，将读者带入，同时将产品的卖点展现出来，以此达到推荐产品的目的。

而相比于流量收益，带货的收益可以轻松获得比流量收益高几十倍的收入，以我的第一篇带货稿为例，展现量59.8 万，阅读量16.3 万，收益 87.03 元，但是带货收益是 4 309.5 元，整整是流量收益的 50 倍。如图 17-4 所示。

图 17-4　带货推广明细图

带货是写作收入倍增的重要途径，但我发现另外一个问题，就是很多人并不知道怎么带货，或者说很多人带了第一次之后，发现没人购买就泄气了，主要原因就是带货文的写作技巧没有掌握。带货文写作要注意以下两点。

17.5.1　爆款带货文公式

爆款带货文就是文章本身是爆款，有足够的展现，通过文章达成对商品促销的目的。爆款带货文公式如下：

带货文 = 爆款选品 + 故事设计 + 商品植入——→让足够多的人购买

先说目的，"让足够多的人购买"，可以分为两层意思：

（1）让更多的人看到是基础。如果不能让更多的人看到，带货其实

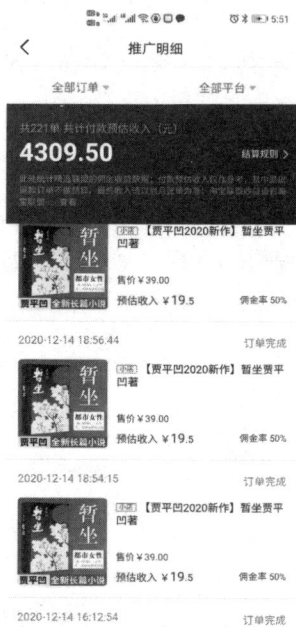

就无从谈起。前面我们提到过，唯有讲好故事，才能形成传播，所以考验的是讲故事的能力。

（2）说服看到的人尽可能地购买是关键。也就是说，是以文案设计为前提，以巧妙的商品植入和有力的文字来说服读者购买，这是转化率的关键。

17.5.2　做好选品

带货不是一锤子买卖，要注意自己的带货口碑，所以必须在选品上下功夫。比如，我带《为什么是中国》这本书，在豆瓣的评分是 8.3 分（见图 17-5），是"主题出版重点出版物"，书里很多的故事在各大平台上都是作为爆款内容传播。

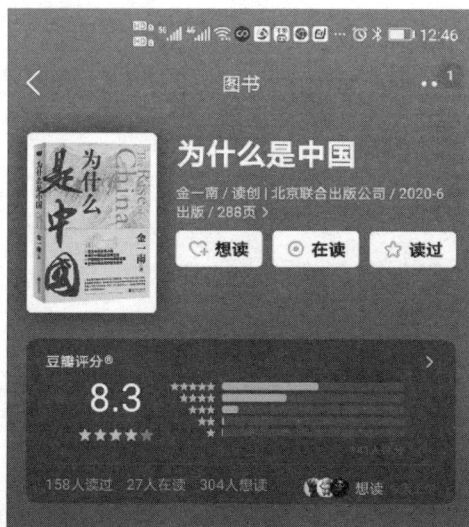

图 17-5　豆瓣评分

这就是一个爆款选品的内核：商品品质足够好，而且有卖点。当我推荐的时候，读者有买它的欲望，且买后的使用体验很好。

第18章
持续发展力，让收入不断增长

如前文所说，开始写作时我从未想过写作会让我实现一定的财务自由。熟悉我的读者粉丝都知道，我写作的第一站是以投稿为主，然后成为多个大公众号的签约作者。当随着新媒体的发展，我在今日头条开始日更，到现在拥有依伊伴读、依伊书院、依伊文史社、依伊本地社4个万粉账号，粉丝总量突破50万。2022年，我又在小红书开始更新，粉丝也很快突破一万。

为什么能在每个平台获得不错的成绩？这是很多学员经常问我的一个问题。其实，当我们真正沉下心学习写作时，我们学到的不仅是方法与技巧，还有写作的底层逻辑。能看到爆款文章背后的原因，并由此适应不同的平台，写出不同的爆款，这才是写作的持续发展力。

但见证了上万名作者的成长经历后，我发现很多人只注重变现，却忽略了"持续"两个字。最终很多具有天赋的写作者，在新媒体写作一次次的变化中，成了被淘汰者。

如果你是一名写作者，那么我以自己的经验建议你做到以下4点。

18.1 做到有所不为，永远不踩写作红线

每一次热点事件出现，很多新媒体账号都会围绕热点快速写文，"10万+"爆款文轻而易举。但有人把"流量"看得太重了，忘记了写作的初心；有人以洗稿、搬运为生，搞砸了自己的名声；有人一味地带节奏，不去查证信息来源的真实性。其中，不少账号因为文章使用不实报道

而被直接封号。今日头条平台曾一次性对 16 791 个账号封禁，对 20 902 个账号扣分或禁言，涉及的问题有标题党、低俗、谣言、侵犯版权、恶意营销等。

不要等到被处罚了，才悔不当初。尤其是一些粉丝量多的账号，辛辛苦苦做起来，一夜被封得不偿失。作为写作者，我们一定要记住不管流量有多少，我们都必须要守住公序良俗的底线，承担更多的社会责任。

不要尝试走捷径，在使用素材前要核实素材的真伪，在无法辨清真伪时，宁可让素材多飞一会儿，等官方发声后，再开始写作。

策划选题时要坚持正确的价值观，坚持理性的目光，写出的文字要坚持客观公正，不带情绪、不博眼球，更不能图一时的利益去洗稿、抄袭，当你抄袭成了习惯，就不愿意回头走正确的道路，直到有一天受到狠狠的惩罚。

我经常跟我的学员说：努力决定了一个人能飞多高，底线决定了一个人能走多远。只有始终坚持踏踏实实写作、踏踏实实做人，始终为社会传播正能量，我们的文字才能迸发长久的生命力，我们才能在写作这条道路上飞得越来越远。

18.2 坚持精准定位，在一个领域深耕到底

很多人问我："依伊，你是如何在写作这条路走到现在的。"答案就是深耕。作为一个外贸英语专业毕业的大学生，我既没有文学功底，也没有学历支撑，能走到现在，靠的就是日复一日的坚持。

从一开始懵懵懂懂，到后来有所领悟，再到现在对于新媒体有全面的认知，背后是上千篇文章的写作实践。在这种周而复始地、不停地写作实践、复盘学习、总结提高、写作实践的循环中，慢慢地积累了一些经验，又慢慢地把这些经验固化成理论和方法。

正因为深耕新媒体写作领域，让普通的我变得有些不普通，拉长了自己的长板，也在新媒体行业上积累了专业优势。而定位准确，持续在某领域深耕也能为自己带来更多的粉丝，通过自媒体放大了自己的能力，影响

了更多人。

当然，在写作之初很难一下子就做到精准定位。这时要做的就是多尝试、多写作，通过不断的实践提升自己的写作水平，同时也通过数据反馈、写作体验等去思考，自己适合在哪个领域深耕。具体有两点要注意：

一是看自己热爱什么？写作并不是一帆风顺的，起步期的迷茫、瓶颈期的痛苦都是常有的事情，这个时候如果没有内心的热爱，是很难坚持下去的。

依伊有个学员，特别喜欢历史，熟读《史记》《二十四史》，还喜欢看各种古籍。在她眼里不出爆款文也没事，就当是在记录学习笔记，后来她的文字越来越好，爆款文频出，现在经常被评为各平台历史领域的优质作者。

二是看自己擅长什么？当下各个平台都在大力扶持职业作者入驻，比如律师、医生、科学家等。对于平台而言，能否留住粉丝，很关键的一点就是能否为读者提供专业价值，而要提供专业价值的职业作者就成了香饽饽。

如果没有以上这些头衔怎么办？其实也不用气馁，因为深耕本身就能带来专业优势。我的一个学员写过人物稿、情感文，最后把领域定在了亲子领域，而且还是专注养育孩子过程中的各种问题及解决方法。她一边注意收集这样的案例，一边阅读《养育男孩》《养育女孩》《正面管教》等书籍，不断积累育儿知识，在不同平台积累了 5 万多粉丝，专栏也售出了2 000 多份。

正如作家格拉德威尔所说："人们眼中的天才之所以卓越非凡，并非天资超人一等，而是付出了持续不断的努力。1 万小时的锤炼是任何人从平凡变成世界级大师的必要条件。"

这就是有名的"一万小时定律"。对于普通人来说，找准领域后深耕，提升的是自己两个方面的能力：一方面是自己的专业能力；另一方面就是自己的写作能力，而两者叠加，最后获得的是 1+1 > 2 的效果。

18.3 关注发展趋势，让自己获得站在风口上的价值

"站在风口上，猪都能飞起来"，这句话看似夸张，但事实就是如此。

2016 年前，你可以轻松抓住公众号的风口，2020 年是今日头条和抖音的崛起之年，这就是这几年创作者的机会，但是你抓住了吗？

我从 2018 年开始在公众号日更，但直到 2020 年 4 月才积累了几万粉丝，但从 2020 年 4 月我开始在头条更新，到今年已经在头条积累了 50 万粉丝。

不同的平台崛起，恰恰也说明了写作永不过时，但是写作也在迭代，写作的方向也在迭代。

2016 年前，较为简单的鸡汤文，甚至是把一些美文整理到公众号上，都能在朋友圈引起转发。但到了 2017 年之后，因为公众号增多，读者的审美疲劳，反鸡汤的文章开始盛行，而对传统观点进行升级创新的文章开始频频成为爆文，这个阶段的原创文得到各个账号的重视。

随着自媒体账号增多，每天推送的文章数以万计，对于写作的能力要求也越来越高，一些经常被用的素材要淘汰，一些经常说的观点金句要创新，一些经常出现的写作方法在创新，因为要给到读者足够的新鲜感。

所以，新媒体写作"新"字很重要，也一直在不停地迭代中。而要应对这种迭代，就要做到两步走：第一步坚持写，只有在坚持写的过程中，对于这种迭代的感知才最深，否则若长时间不写，就对如何写作没有那么强的敏感性了；第二步，复盘分析，根据这些数据作对比，不停地归纳总结爆款文章的原因和爆点。只有这样，才能不断地跟上爆点的步伐，也是新媒体写作发展的趋势。

18.4　打造个人 IP，靠影响力实现财务自由

新媒体时代，其实也是普通人逆袭的机会，从六神磊磊、周冲的声色影像、十点读书、视觉志等账号的崛起，其实都是一个个普通人创造的成绩。而到了今日头条、抖音、快手的时代，也有更多的普通人在崛起。我的朋友苏苏，开始写作以来一直坚持输出暖心的观点文，文章经常被十点读书、洞见、有书等平台转载，去年被出版社编辑签约，出版了第一部个人作品。

身边很多朋友就是这样，在写作的过程中，不断放大某一方面的专业

优势，不断地被人看见，不断地积累粉丝，慢慢地形成了个人品牌，而品牌的力量更值得让人相信。做个人品牌，以下几点很重要。

18.4.1　增加粉丝，获取影响力

前文强调要在一个领域深耕，不停地积累和放大专业优势，以收获更多信任度高的垂直领域的粉丝。这些粉丝因为喜欢你的文章逐步与你形成了情感连接，比如信任你、喜欢你，这些都是影响力。

在增加粉丝的过程中，文章的阅读量是很重要的，因为只有被足够多的人看到，才能不断增加粉丝。但在阅读量之外，通过结尾引导、作者介绍等，也可以提升读者关注的概率，如图 18-1 所示。

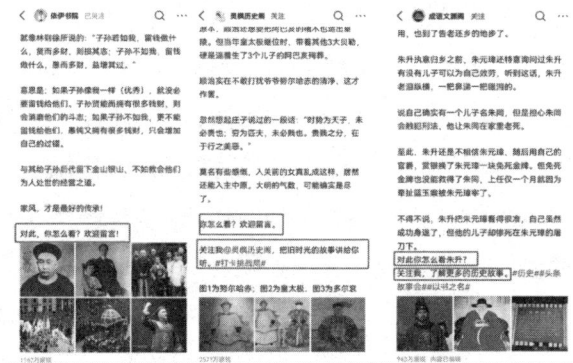

图 18-1　结尾引导语与自我介绍

这几个结尾，都用了一句话"你怎么看？"目的就是引导读者对这件事发表看法，评论点赞越多，文章能够获得的推荐就越高。而读者能参与讨论，也会提高其他读者关注账号的概率。有的平台，比如公众号，还可以设置仅限粉丝评论。而这时作者主动自我介绍，也是向读者介绍自己，吸引有共同爱好的读者关注，这部分粉丝往往是账号的"铁粉"。

另外，我们也要注意通过其他方式获得影响力。我第一次感受到影响力，是我自己连续三个月都是有书总稿费最高奖获得者之后，不仅很多编辑来约稿，也有很多写作爱好者找到我，咨询如何写作。那时我才意识到持续写作、持续上稿，并获得一些荣誉，是有助于我们提高影响力的。

这些影响力决定着粉丝对你的信服程度，也决定着你的变现能力。

18.4.2　打造口碑、形成链接，扩大写作的影响力

美国作家凯文·凯利的《技术元素》一书，其中有这样一段话："假设每个铁杆粉丝在你身上消费 100 美元，如果你有 1 000 名粉丝，那么每年就有 10 万美元的收益，减去一些适度的开支，对于大多数人来说，足够过活"。

也就是说，当你拥有 1 000 个铁杆粉丝（下称铁粉）的时候，有 1 000 个认同你、相信你。同时，铁杆粉丝会愿意分享、转发你的内容，吸引更多的垂直粉丝关注你，这就是聚集效应。

在打造 IP 的过程中，如果想要让自己的 IP 影响力不断放大，一定要注意口碑。前面，我们讲过写作要有底线，但很多人在聚集了粉丝后，就开始失去底线，口碑一旦失去，粉丝对你也就失去了信任，从而削弱自己的影响力。

还有一种很好的方式，是将铁粉聚集到我们的私域流量池中。具体来说，是通过账号设置联系方式和私信互动的方式来达成。私域流量池一旦建立后，就要注意维护，经常互动，定期分享自己的学习经验和专业知识，回答粉丝的疑问，同时注意聆听粉丝的反馈，不断调整自己的写作方向，与粉丝产生情感连接。这样，私域流量池在我们后期带货时，会起到很大的助力。

但无论是对铁粉还是其他粉丝，我们都要注重自己的口碑。比如，我们有了一定的粉丝量后，可能会选择带货，但带货只是我们写作的一小部分，垂直内容的更新才是账号的主要内容；否则，如果你只是带货、带货、再带货，可能很快会引起粉丝的反感。

出版图书、建专栏、开设训练营等方式都是扩大个人影响力的途径，前提是质量为先，书的质量好，自然就有更多的人购买；专栏质量好可能成为平台推荐的爆款专栏；训练营让学员有获得感，能持续帮助学员突破写作"瓶颈"，学员也会向其他人推荐。

在依伊书院的写作训练营中，有老师的 1 对 1 指导，有助教的陪伴，

有学员们每天热烈的讨论，有大量的约稿机会和投稿渠道。因为获得感很强，所以很多学员在学习后，不仅会选择继续复购学习，还会推荐自己的朋友来学习，慢慢地，训练营的影响力就越来越大了。

　　总之，写作是一件需要长期坚持的事情，在坚持中思考，在坚持中学习，在坚持中迭代升级自己，就会在时间的维度上收获一个更丰盈的自己。

附 录

附录 1
写在最后的话

在本书稿基本完成的时候，写作社群也传来很多好消息，我选其中最有代表性的 3 条信息跟大家分享下。

第 1 条信息，学员 @骞茉爱分享连续写出多篇千万＋推荐的爆款内容，单篇收益最高超过 4 000 元。

第 2 条信息，学员 @筝途漫漫，在学习 3 个月后，粉丝过万，第一篇带货文收益 445 元。

第 3 条信息，学员 @陌菲，上稿了亲子育儿类头部账号凯叔讲故事。

他们无一例外都坚持写作至少 3 个月，也正如我经常说的，写作是时间维度的胜利，是一条成长曲线，前面增长缓慢，是打基础的阶段，为后面快速增长蓄势。最难熬的部分，恰恰是在前面这个阶段，如果恰好处在这个阶段，那么一定要记住我下面说的这三点。

一、写作并不是从快乐开始的

每一次公开课，我都会强调一个观点，写作并不都是从快乐开始的。写作是一个需要长时间投入，且很孤独的事情，甚至在初期会感到有一些痛苦。

如果你是一个有经验的写作者，我相信看到这里，回忆起自己的写作经历，一定会有这样的感受。

为什么，我写的不是爆款？

为什么，我的文章不上稿？

为什么，我的文字不变现？

很多写作者就是在这种痛苦中，认为自己没有写作的天赋而放弃。但作为新手写作者，可以认真思考一下，这些问题不正是成长应该经历的阶段吗？

人的成长，总是有一丝痛苦的。想一想自己熬夜苦读、备战高考的日子；想一想自己查阅资料、撰写论文的日子；想一想自己初入职场、懵懵懂懂的日子；想一想自己学开车、学做 PPT 的日子，是不是都会遇到很多问题。

但最后这些痛苦的日子，为什么都成为我们骄傲的资本？因为遇到问题并解决问题，代表了一个人的成长。

今天很多写作大 V，都在鼓吹"月入几万""一夜暴富"，这是不太现实的。因为一个最简单的道理：成功不可能一蹴而就，需要长时间的坚持与积累。

5 年前，我摸索了半年多上稿了头部账号，中间遇到过很多问题与困难。如今，坚持写作 5 年让我积累了很多经验，这些经验可以让你少踩我踩过的坑，可以缩短成长的时间，但无法让你跳跃。

从学习知识点到运用知识点，一定是一个反复实践的过程，也是一个不断碰壁的过程。我们把心态放平缓，去熬过这个阶段，熬过了，你就战胜了大多数会放弃的人。

我经常说，学习不难，难的是你认为它是容易的，进而否定了还是新人的自己。不要被我今天说的"痛苦"两个字吓倒，因为当你走在正确的道路上时，快乐也会不期而遇。

当你的数据在变好的时候。

当你收获第一篇爆款的时候。

当你的粉丝一点点增加的时候。

二、建立写作正向反馈机制

我经常在开营之前告诫学员，千万不要相信此刻你对写作的热情和决心。因为在我们没有拿到满意的结果时，我们的热情和决心是会被消磨的，而时间一长，就会让我们产生怀疑：在写作上这样投入值得吗？

在这条路上长期坚持最好的办法，就是建立正向反馈机制。

一方面，建立自我反馈机制。把写作分解成一个个小目标，比如坚持写作7天，给自己一个行动奖；学会开头怎么写，给自己一个突破奖。这样，每一个小目标的达成，都是在告诉我们自己在成长。

另一方面，要从简单途径入手，获取外部的正向反馈。我一直建议大家最好从微头条开始学习写作，而不是从投稿开始。因为投稿首先面对的就是信息壁垒，多少稿件"躺"在编辑的邮箱里。其次，随着市场的变化，竞争也是相当激烈。

微头条，字数少、写作简单、爆款率高，即便利用坐公交车、午休等碎片化时间也可以写作，是今日头条重要的涨粉与变现利器。

很多学员在看到跳动增长的阅读量、粉丝数和收益时，经常大呼"真香"。我至今依然记得我第一次微头条爆款文的激动，因为那是我运营今日头条平台走出的第一步。

当可以稳定地产出微头条爆款后，我们再去尝试更难的写作，比如单价更高的图文、问答与视频，去获得更大的正向反馈。当正向反馈一直保持的时候，不知不觉就已经走到了一定的高度。

三、给写作以时间

一口吃不成一个胖子，更何况我们都是普通人。而正因为我们都是普通人，所以一味追求好的"结果"之前，我们更应该做正确的事情。读书、写作就是正确的事情，能够带来成长，这是毋庸置疑的。

给写作以时间，下定决心，画一个时间线，3个月、6个月或者1年后，再来看结果。

在这个过程中，当我们开始写作的时候，会遇到困难；当我们学会写微头条，去写作有难度的图文时，又会遇到新的困难；当你月入5 000元后，想试一试月入过万元的图文时，同样还会遇到新的困难……

但所有的困难，不是为了让我们放弃，而是让我们成为一个更优秀的自己。

不要纠结，有困难就去学习、去思考，周而复始，直到坚持3个月、6个月或者1年时，当你再回过头来看待写作这件事时，那个时候，你一定会为自己鼓掌。

附录2
失业后，我靠自媒体写作逆袭

大家好，我是凌云笔，依伊书院训练营学员，也是两个孩子的宝妈。其实走进新媒体，对我而言真的是意义重大，因为当时我刚失业，家庭经济压力很大。

没想到我在训练营系统学习后，30天写出26篇爆款微头条，我的人生仿佛打开了一个新的天窗。其实，我的基础一般，但能取得让我自己惊讶的成绩，无非有两点原因：一是系统学习写作方法，二是努力才能出奇迹。

我对自己第一篇"50万+"微头条记忆犹新，写的是乾隆的一个民间故事，也就是乾隆身世之谜。从文章一开始我就反复琢磨老师讲的开头怎么写，具体到素材要怎么写，结尾要怎么写。经过一番思考后，我采用故事化开头法。

写完开头，就按照列好的大纲，开篇、主体、结尾、观点四部分依次写下来，我第一次发现掌握了方法后，写作如此顺畅。以此为起点，涨粉过万、月入5 000+、千万+爆款……我一路升级打怪，到现在全网有了近5万粉丝，真的庆幸当初选择了依伊学院。

这里的学习氛围非常好，依伊老师和助教随时响应我们的问题，让我们有很强烈的归属感。具体来说有3个学习体会：

一、关于听课

我一般早上起来，都会一边干活一边反复听课，这样做的好处就是，会加深我对很多知识点的印象，而且每次听课都能有新的收获。这时我会把重点和细节记下来，现在我的笔记本已经换了好几个。

二、关于拆文

老师说拆文要拆有感觉的文，我原来不是很理解。后来读得多，拆得久了之后，我发现，真的是越让我有感觉的文章，越有拆解价值。因为我们所谓的感觉，其实往往就是文章的看点，而这正是拆文的核心。

不能为了拆而拆，要站在读者的角度去思考。只有搞懂了读者为什么被吸引、愿意看，才能真正将文章写好，写入读者内心。

三、关于日更

入营后，我一直很勤奋，每天写 2~3 篇，虽然我的方法比较笨拙，但实践证明，机会总会偏爱勤奋的人，如今一天一篇爆文的这点成绩，跟我坚持日更，有极大的关系。

另外就是，我对提笔这件事一点都不犯怵了，写得好不好，我都敢于写，乐于写。

如果大家跟我一样不想放弃，想学好写作，那么我想告诉你：哪怕之前你没有扬帆，之后也应该启航。

今天永远是最好的开始，写作不能光靠想，行动起来才是王道。

凌云笔 依伊书院训练营学员
（今日头条历史领域万粉博主）

附录 3
持续写作，撬开心中的梦想

时间过得好快，转眼间与依伊老师相遇已经是一年多的时间了。

当时的自己，正处于人生的迷茫期，事业上没有突破，生活也意兴阑珊。我记得一个晚上，家人们都睡了，自己在书房看书，忽然一阵春风把窗子吹开，一股草木香气扑面而来。我开始想，我也不过刚刚三十岁的年纪，为什么不去做点喜欢的事，生活成自己想要的样子呢？

那自己到底喜欢什么？又想要什么样的生活呢？看着书架上一排排的书，我忽然看见了心里那个关于"写作"的梦想。是的，我要学习写作，既成全爱好，又能赚点稿费。于是，我兴致勃勃地打开电脑，随心写了篇随笔，又从网上搜了几个报刊的投稿邮箱，毫不犹豫地投了过去。

之后的几天，心情起起落落，从最初的兴奋，到中期的平静，再到最后的失落。我反复登录邮箱看，确信没有收到丝毫回音后，心里充满了不甘和疑惑。是写得不好吗？是邮箱错了吗？为什么连个拒稿理由都没有？带着这些疑问，我上网查，才慢慢发现：互联网时代下，新媒体行业已迅速崛起，过去的老路，属实不好走了。

那要如何打通新媒体的上稿之路呢？幸运的是，我遇到了依伊老师，遇到了依伊书院写作训练营。而我选择依伊老师的原因很简单，不是因为她丰富的经验，众多签约作者的头衔，而是训练营中走出来的一个个学员：亦云白、清清茶、叶丫丫、今夕何夕……

这些我当时在头部账号经常看到的名字，让我决心在依伊书院系统学习新媒体写作，而今天我特别感谢当初的那个选择。

在老师耐心的指导下，我认真地学习每一个知识点，并且按照方法进行写作。在老师手把手地修改和指导下，在训练营的一个月，我写出了四篇亲子文，成功上稿 3 篇，稿费远超学费，而我至今记着当时看到稿费发放的喜悦。

最重要的是，通过课程解开了我心中很多疑团。我这才明白新媒体文和传统文差别是非常大的，从结构、句式到逻辑，都不一样。比如，文章选题从何而来，肯定不是自己的有感而发，而是社会热点、痛点、关注点。又比如，对作者而言，要完全从读者的角度出发，而非宣泄自我情绪。

依伊老师曾经说，写作的逻辑是共通的，所以她从情感文开始，又写了人物稿、亲子文，最后在今日头条运营账号。而我从亲子文突破上稿，最后又把目标定在了——书评稿、人物稿上，因为我喜欢读史哲方面的书。

我开始将新媒体写作与读书结合起来，《"飞将军"李广：终其一生，我们都要与自己和解》《蛤蟆先生去看心理医生：生活能治愈的，是愿意自愈的人》《我曾走在崩溃的边缘：一个人真正的体面，是装不出来的》……这些文章都发表在十点读书、洞见、每晚一卷书、樊登读书等头部账号。

一边读书，一边写作，一边上稿，一边变现。当初心中的写作梦，已经成为阳光照进了现实。如今，我在这些平台已经上稿百余篇，并成为签约作者，每个月稿费也能有几千元。现在，我终于明白持续写作的力量。

读书写作，是值得一辈子坚持的事情。

瑾山月　依伊书院训练营学员

十点读书、洞见、樊登读书等平台签约作者，年上稿百余篇